HO'OPONOPONO

JOSAYA

HO'OPONOPONO

La paix commence à partir de vous

Remettre chaque chose à sa place et vivre heureux

MACRO EDITIONS

www.macroeditions.com

AVERTISSEMENT

Macro Éditions ne dispose ni d'informations ni de données autres que celles publiées ici. L'éditeur décline toute responsabilité quant à l'utilisation qui pourrait être faite par les lecteurs des informations scientifiques, sanitaires, psychologiques, diététiques et alimentaires présentées dans ses livres. Chacun est tenu d'évaluer avec sagesse et bon sens le parcours psychologique, thérapeutique et nutritionnel qui lui convient le mieux. Chacun est tenu de prendre en compte toutes les informations nécessaires, en comparant les risques et les bienfaits des différents traitements et régimes diététiques disponibles.

Titre original : Ho-oponopono - La Pace comincia da te

coordination éditoriale Chiara Naccarato

traduction Françoise Vital
révision Marylène Di Stefano
couverture Tecnichemiste srl, Bertinoro - Italie
mise en page JMD srl comunicazione, Cantù - Italie
impression Tipografia Lineagrafica, Città di Castello - Italie

1re édition février 2013
Réimpressions : juillet 2013, mars 2014, janvier 2015

Collection « Développement Personnel »
www.macroeditions.com (France)
www.gruppomacro.com (Italie)
Via Giardino, 30
47522 Cesena - Italie

ISBN 978-88-6229-308-2

Ce livre est imprimé sur du papier recyclé et écologique. Fabriqué sans chlore ni autres agents blanchissants, et dans le souci de réduire la consommation d'eau et d'énergie, le papier Editor 2 est labellisé.

Les encres utilisées pour imprimer ce livre ne contiennent pas de composés organiques volatils ni d'huiles minérales. 100 % végétales, elles sont compatibles avec l'environnement.

Préface

de
Gian Marco Bragadin

J'ignore si quelqu'un s'est donné la peine d'évaluer le rôle d'internet, des réseaux sociaux, des blogs ou de YouTube dans la diffusion de la nouvelle spiritualité.

Alors que les médias – télévision et presse en particulier – sont asservis aux pouvoirs politiques, économiques et religieux, qu'ils soient liés ou non à des entités ou à des groupuscules conspirationnistes, les nouvelles technologies se révèlent être d'extraordinaires moyens de communication de masse dans un contexte libre et indépendant (du moins pour l'instant), en outre difficilement maîtrisable.

De fait, si certaines dictatures d'Afrique du Nord et du Moyen-Orient ont été renversées, c'est bien parce que les groupes révolutionnaires ont pu entrer en communication grâce à l'internet et aux réseaux sociaux. Je suis également convaincu que les référendums qui ont eu lieu dernièrement en Italie ont été fortement influencés par ce nouveau « médium », lequel va certainement continuer à provoquer des bouleversements dans les stratégies de communication ancrées dans des paradigmes désuets.

Toutefois les nombreux sites internet de contre-information ne sont pas les seuls à pulluler. Des millions et des millions de personnes sont en intercommunication directe, accèdent à des blogs et des sites des plus variés, à travers lesquels quiconque a la possibilité de répandre avec une immédiateté sans égale les contenus les plus disparates. Y compris ceux qui concernent justement les thérapies naturelles, le développement personnel, la mutation spirituelle, et ainsi de suite.

Partant du principe que « tout est UN et UN est en TOUT », j'ai toujours pensé que l'internet – cet extraordinaire incubateur d'informations, cette chance qui est donnée aux humains d'instaurer et d'entretenir des relations intercontinentales en quelques clics et quelques secondes – n'est autre qu'une expression du divin dans la matérialité. Par ailleurs, cette technologie avancée, qui nous relie en un seul et unique immense réseau où nous pouvons naviguer sans limites ni censeurs, a fait son apparition fort à propos en cette période qui devrait assister, selon certaines prévisions, à de grands bouleversements.

Alors qu'auparavant le « savoir » passait à travers la supervision des prêtres et/ou des divers enseignants, lesquels filtraient, en raison de leurs objectifs et de leurs intérêts, ce qui devait venir à la connaissance des personnes (*nous sommes comme un « pont entre les gens et Dieu »* nous disaient-ils), aujourd'hui la Toile relit tous les individus et met ce savoir à leur portée, de façon directe, sans qu'il soit soumis au truchement d'un tiers.

Les informations circulent rapidement, les connaissances d'anciennes civilisations revivent et nous découvrons des mystères et des secrets trop longtemps celés. Des techniques concernant la réalisation de soi, dont la connaissance était jadis l'apanage des chamans et des castes sacerdotales, sont maintenant divulguées librement. Reléguée pendant des siècles au sein des chamans des îles Hawaii, une technique ancestrale dite Ho'oponopono s'est répandue dans le monde entier grâce à l'internet et Joe Vitale, et grâce aussi à d'autres personnages, comme Josaya.

Je dois avouer qu'avant de connaître cette technique, comme beaucoup, je n'avais qu'une idée reçue des îles lointaines du Pacifique, une image tout à fait banale, celle de belles Hawaïennes, souriantes et pleines de grâce dansant le Hula en jupette de paille et couvertes de colliers de fleurs. C'est pourquoi j'avais sous-estimé ce qu'elle représente et tout ce qu'elle peut offrir. Mais par la suite, j'ai vite substitué à cette vision le mantra « Je suis désolé ; pardonne-moi ; merci ; je t'aime » sur lequel se base ladite technique et j'ai affronté les différents stades de celle-ci en lisant avec la plus grande attention *Ho'oponopono – La Paix commence à partir de vous.*

En plus de l'application, je reconnais qu'au départ il m'a fallu une bonne ouverture mentale ... non seulement pour approfondir certains concepts – comme le fait que nous devons nous sentir responsables (même dans un état d'innocence la plus évidente) de tout ce qui se passe dans le monde, de la guerre en Libye au tsunami de Fukushima, en passant par la trahison d'un ami ou la rébellion de l'un de nos enfants –, mais aussi parce que l'un des points de force de Ho'oponopono, outre à nous apprendre à effacer les « mémoires » négatives qui proviennent de cette vie (ou, qui sait, d'autres vies...) et qui nous conditionnent, consiste justement à remettre toute la responsabilité de notre destin entre nos mains.

Josaya (acronyme des trois auteurs de ce livre), contrairement à d'autres auteurs qui se sont exprimés sur la technique Ho'oponopono, possède une capacité extraordinaire de simplification des concepts les plus ardus. L'exposition, toujours très simple et compréhensible, non sans raison parfois répétitive, touche une multitude d'aspects de cette nouvelle manière de vivre et de penser.

La technique Ho'oponopono trouve sa complétude dans la loi de l'attraction et certaines révélations de la physique quantique selon laquelle le monde est tel que nous le pensons.

Je suis moi-même un divulgateur de nouvelles, ou plutôt, à proprement parler, d'anciennes connaissances délaissées, et je me suis souvent trouvé en accord parfait avec les thématiques de cette technique.

Par exemple avec celles-ci : « Nous sommes des cocréateurs » ; « aucune séparation n'existe entre nous et le divin » ; « nous pouvons faire des miracles » ; « si je suis sûr de réussir, je réussirai certainement ». Car tout ne dépend que de notre perception de la réalité.

Tout est Un, mais avec Ho'oponopono, il ne s'agit pas d'une idée abstraite, ce n'est pas quelque chose à lire et à étudier, cela n'a rien à voir avec une religion. Cela s'adresse à notre propre ressenti. C'est une nouvelle croyance, laquelle **s'apprend**, comme dit Greg Braden. Pour ce faire, nous devons effacer les vieux paradigmes, les conditionnements du passé et du monde qui nous entoure : environnement familial, professionnel et divers.

Osho, lui aussi, en avait déjà parlé.

Redécouvrir le « vide », c'est-à-dire l'état premier, c'est redécouvrir la véritable paix intérieure.

Si nos souvenirs (nos vieilles « mémoires » pour parler la langue de Ho'oponopono) nous créent des problèmes, en les effaçant nous effaçons les problèmes. Mais ces problèmes, nous ne devons surtout pas les considérer comme si c'étaient des ennemis, ni les vivre comme tels. Au contraire. Il nous faut les accepter en tant qu'opportunités… et c'est là où nous butons. Nous avons de grandes difficultés à voir les choses de cette façon.

Partant du taoïsme – que j'ai embrassé pendant des années grâce à un maître chinois, l'invisible Mo-Tzu – pour divulguer par la suite les messages des archanges, notamment d'Uriel et Metatron et de Magdalène et Melchisédek (l'*Éternel arrivant*, le Christ cosmique), mon expérience personnelle s'est continuellement confrontée, parfois apparemment opposée, aux enseignements de Ho'oponopono.

Plus qu'adorer un Dieu lointain et inconnu dont nous n'arrivons même pas à imaginer l'omnipotence, le taoïsme nous incite à suivre « la voie », c'est-à-dire notre chemin, à nous laisser couler comme un fleuve, sans opposer de résistances, pour nous réunir à l'océan, c'est-à-dire au Tout, au devenir UN. Et c'est un sujet qui a de nombreux points communs avec Ho'oponopono … tout comme la théorie de la *signanalyse*, c'est-à-dire la science qui étudie l'interprétation des signes, que j'enseigne depuis plusieurs années et qui se base sur la capacité d'écouter, de comprendre les indications que la vie (ou l'Univers) nous offre à chaque instant.

Ho'oponopono élargit, illustre, approfondit les thématiques liées à la loi de l'attraction, laquelle n'a qu'une seule limite : si vous ne n'y croyez pas, ça ne marche pas, et vous devez agir en conséquence.

Dans son livre *L'Alchimiste*, Paulo Coelho l'avait résumé en une splendide définition : « *Et quand tu veux quelque chose, tout l'Univers conspire à te permettre de réaliser ton désir.* »

Mais si *The Secret* est une parfaite opération de marketing éditorial, depuis toujours le contenu de la loi de l'attraction fait partie du savoir mondial. Cette loi était déjà prise en considération dans la *Table d'émeraude* des anciens Égyptiens.

Et cette citation du texte évangélique « Demandez et il vous sera donné » n'en exemplifie-t-elle pas parfaitement le but et l'efficacité ?

Pour en revenir au livre *Ho'oponopono – La Paix commence à partir de vous,* je conseille au lecteur de s'abandonner complètement à sa lecture, de l'absorber par le cœur et non pas par l'esprit rationnel. Ce n'est qu'ainsi qu'il pourra vraiment faire siens, et son enseignement, et son énorme valeur spirituelle.

Effacer les conditionnements, les habitudes et les comportements ancrés, c'est la base de la méthode Ho'oponopono et c'est ce qui est le plus difficile à faire.

Ce n'est pas la méthode qui en est cause, mais c'est difficile parce que nous sommes habitués à vivre en fonction des autres, toujours conditionnés par quelqu'un ou par quelque chose, parce que notre vie se déroule trop souvent de façon automatique, comme lorsque nous conduisons notre voiture.

La méthode, elle, nous conduit à un résultat des plus beaux et des plus importants qui soient : la connexion intime avec le divin. Seulement voilà, les « croyances » (surtout les croyances religieuses dérivant du catéchisme et des nombreuses obligations familiales ou sociales qui nous ont été imposées) conditionnent parfois totalement notre vie. Nous ne sommes plus libres. Et au mal provoqué par les conditionnements reçus au cours de notre enfance, s'ajoute la quantité effroyable de mauvaises nouvelles dont les médias nous abreuvent chaque jour. Des tonnes de négativité qui vont des bombes en Libye à la bactérie tueuse, en passant par le matériel organique dont sont faits les vêtements de nos adolescentes, les milliers de morts des catastrophes naturelles et nucléaires, les faillites financières, j'en passe et des meilleurs !

L'humanité est constamment maintenue dans un état d'anxiété, voire de terreur, parce que ceci – l'Église en savait déjà quelque chose avec la peur de l'enfer qu'elle inculque à ses fidèles – abaisse nos défenses, nos énergies, conditionne notre esprit, permet aux pouvoirs forts de nous dominer, de nous contrôler, de nous soumettre.

Depuis quelque temps déjà, les médias (et d'autres voix) nous avertissent de l'arrivée d'un bouleversement qui fera époque.

Le retour du Christ, l'annonce des Mayas pour 2012, l'Ascension, la nouvelle grille magnétique terrestre, les changements d'énergie sur Terre, le comportement du soleil : chacun peut croire et y trouver, s'il raisonne à partir de son cœur, le chemin qui lui correspond le mieux.

Les « voix » de nombreux médiums, de *channelers*, rapidement diffuses grâce aux nouvelles technologies, nous avisent que la formation d'une « masse critique » devient nécessaire, c'est-à-dire qu'il faut qu'un grand nombre d'hommes et de femmes apprennent à se libérer des conditionnements, à reconquérir leur liberté de penser, à tout transformer en amour, cette grande force spirituelle que Dante définissait un « amour qui meut le soleil et les autres étoiles ».

Je parle de cette énergie d'amour, ce « juste son » tel que le définit Jésus, dans mon livre l'*Eredità dell'ordine di Melchisedeck* (« L'héritage de l'ordre de Melchisédech », N.d.T.), qui est la matrice même du grand changement de la planète, dans son passage d'un cycle à un autre.

La grande question est : comment accroître cette « masse critique » ? Comment faire afin que les personnes qui découvrent ce qui peut les aider dans leur processus de changement soient de plus en plus nombreuses ?

Qui sont les grands divulgateurs ?

L'internet. Nous en avons déjà parlé.

Après la découverte des manuscrits de Qumrân et de ceux de Nag Hammadi, d'autres mémoires anciennes refont surface. Des milliers d'« êtres de lumière » les divulguent par channeling et tout est en train de se transformer. De nouvelles initiations voient le jour : la Merkaba, parcours spirituel de réveil et de transmutation ; le Corps de Lumière. Des savants et pionniers découvrent de nouvelles techniques de guérison (anciennes en réalité, mais éteintes, absentes du savoir collectif).

Et puis, il y a la « méthode des deux points » de Kinslow et de Bartlett ; l'outil de Slim Spurling pour dépolluer l'eau dont Drunvalo Melchizedech a parlé ; la chamane Anastasia qui est en train d'influer sur l'esprit de millions de personnes en Russie et dans le monde, lesquelles redécouvrent avec elle un savoir oublié qui peut guérir tout mal ; l'astrophysicienne Giuliana Conforto qui diffuse de nouvelles thématiques concernant la « force électrofaible » et ses conséquences sur l'avenir de notre planète.

De nouvelles techniques de bien-être et de guérison remplacent celles du passé. Il suffit de penser aux constellations familiales, à la programmation neurolinguistique (PNL), au *Manuel de psychomagie* de Jodorowsky, au système Aura-Soma, à la psycho-neuro-endocrino-immunologie, à la médecine quantique de Gaetano Conforto, et à quoi d'autre…

… à l'Eau Diamant de Joël Ducatillon ; la PNT ; l'énergie cosmique des cercles dans les champs de blé et ses effets bienfaisants sur l'eau dont nous parle Annamaria Bona ; l'ADN multidimensionnel ; la Kabbale et les lettres hébraïques ; l'amour inconditionné dans la nouvelle Lémurie, et tant d'autres… tant d'autres…

Tout ceci pour libérer notre esprit et mieux vivre.

Tout ceci pour nous transformer afin de transformer notre monde.

Alors voilà le contexte dans lequel *HO'ONOPONO* tient une place d'honneur.

Je regrette ; pardonne-moi ; merci ; je t'aime.
Je regrette ; pardonne-moi ; merci ; je t'aime.

J'ai commencé à pratiquer cette technique.

Et je suis infiniment reconnaissant à Giovanna, Silvia Paola et Sandro, qui l'ont si bien expliquée dans leur livre, sous tous les angles, et ce dès le titre : *La paix commence à partir de vous.*

Souvent, trop souvent, nous entendons parler de paix mal à propos. Nous entendons parler de paix « contre » quelqu'un. Ce n'est pas de cette paix-là dont parle *Ho'oponopono.*

Ce livre m'a rappelé l'« Évangile essénien de la Paix », avec la parole d'un Jésus que l'Église ne nous a pas fait connaître et où sont indiquées les « Communions » que, matin et soir, nous devons former avec les anges. L'un d'eux est l'ange de la Paix, qui nous parle ainsi : « Qui n'a pas la paix de l'âme n'a pas de place pour construire en soi le Saint-Temple. » Et encore : « La Paix demeure dans le cœur du silence : arrête-toi, connais-moi, je suis Dieu. »

Combien de fois, face à la méchanceté et aux catastrophes du monde, avez-vous pensé : « Mais moi, tout seul, que puis-je faire ? »

Maintenant, avec Ho'oponopono, vous allez savoir. Car la réponse est : tout, vous pouvez tout faire. Commencez par vivre la méthode Ho'oponopono. Faites-la entrer dans votre cœur. Au fond. Au plus profond de vous.

Quand vous aurez réussi, vous sentirez la divinité en vous. Et tout deviendra paix.

Et c'est quand nous serons nombreux à la sentir, à nous transformer nous-mêmes (avec d'autres techniques aussi, pourquoi pas...) que nous obtiendrons un grand résultat : celui d'avoir transformé le monde.

Alors, commencez...

Je suis désolé ; pardonne-moi ; merci ; je t'aime.

Gian Marco Bragadin[1]

---

1 Gian Marco Bragadin, éditeur à 360°, lui-même écrivain, auteur à la télévision et expert en médias, se consacre depuis de nombreuses années à la recherche spirituelle et à la divulgation des Messages de l'esprit.

Biographie sommaire :

- directeur éditorial chez diverses maisons d'édition ;

- co-auteur de l'émission *Sesto Senso* (« Sixième Sens ») de la chaîne italienne La7 ; producteur d'émissions de télé ;

- auteur de livres : *Aura, la Guida del benessere Naturale e Spirituale* (« Aura, le Guide du bien-être naturel et spirituel ») ; *I Segni del Destino* (« Les Signes du destin ») ; *Segnianalisi* livre + DVD (« Interprétation des signes et des coïncidences »), *Viaggio nei mondi invisibili* (« Voyage dans les mondes invisibles ») ; le roman ésotérique *L'Eredità dell'Ordine di Melchisedek* (« L'héritage de l'ordre de Melchisédech ») tous publiés par Melchisedek Edizioni. Le roman ésotérique *L'Eredità dell'Ordine di Melchisedek* (« L'héritage de l'ordre de Melchisédech ») est son livre le plus important, dont a été tiré le film édité en DVD : *Il Testamento Segreto di Gesù* (« Le Testament secret de Jésus »), l'un et l'autre publiés par Melchisedek Edizioni dont il est le fondateur (2006). Des présentations de ces livres sont organisées partout en Italie lors de conférences. Voir tous les livres de G. M. Bragadin, sur **www.marediluce.com**

Je suis désolé
Pardonne-moi
Merci
Je t'aime

Effacez les mémoires avec Ho'oponopono.

Toujours en attente…
… dans l'espoir de résoudre nos problèmes en intervenant
sur ce qui nous est extérieur pour changer le cours des choses…
Tout changer, tout, sauf nous-mêmes.
Or la seule et unique façon de trouver la paix,
c'est de la chercher en nous.
Oui, et alors la paix se répandra
sur notre environnement et même au-delà.
Le TOUT n'est autre que mémoires et mémoires.
Nous tous, nous ne sommes rien d'autre
que mémoires et mémoires.

Parfois nous vivons des expériences bouleversantes,
nous sommes la proie de peurs, d'anxiétés…
… lavons-nous de ces mémoires-là, nous pouvons le faire.
Laissons-les aller sachant que ce ne sont que des souvenirs.
Laissons-les aller, en nous jouant d'elles.
C'est lorsque nous assumerons la responsabilité de tout à 100 %
que nous découvrirons la paix en nous.

S'aimer, c'est la façon la plus juste de s'améliorer
et d'améliorer le monde en même temps.
Ho'oponopono signifie « remettre les choses à leur juste place ».
L'existence tout entière naît du dedans, et non pas du dehors.
L'existence est un cadeau de la divine intelligence.

Et ce cadeau nous a été donné dans un seul but,
celui de pouvoir se reconstituer, de retrouver l'identité de soi
à l'image de l'amour divin qui a créé le vide et l'infini.

Nous ne faisons qu'UN avec toutes les choses,
dans un même temps et même espace.
Nous ne sommes que de simples extensions de la Source d'énergie,
qui est de même substance dont est fait l'Univers entier.
Tous, nous sommes les créateurs de notre existence.
Tout est créé par nous-mêmes.

Tout ce que vous voyez, que vous écoutez, que vous sentez,
que vous touchez, que vous pensez,
ce dont vous vous souvenez,
ce qui vous provoque une réaction émotionnelle,
ce sont toutes des choses que vous avez créées.
De belles choses, mais aussi de vilaines choses.
Chacune d'elles existe parce que vous permettez qu'elle existe.

Et cela nous ramène à Ho'oponopono.
Quel merveilleux pouvoir vous avez entre les mains !

Quand vous réussirez vraiment à comprendre
que vous êtes en train de créer chaque parcelle de votre existence,
de la plus petite molécule jusqu'au gratte-ciel le plus haut,
de l'amour le plus merveilleux à la haine la plus obsédante,
alors vous réaliserez que vous pouvez changer chacune de ces choses
puisque c'est vous le responsable de leur réalité.

Vous pouvez le faire tout simplement en témoignant votre gratitude
à toutes celles qui rendent votre vie heureuse,
à celles que vous aimeriez avoir plus souvent, plus nombreuses.
Vous pouvez le faire aussi en demandant pardon
à toutes celles que vous voudriez chasser ou voir moins souvent.
Tout le bien, tout le mal, et tout ce qui se trouve
entre ces deux limites,
c'est votre création.

Avec Ho'oponopono.
apprenez à exprimer de la gratitude,
à développer votre capacité de pardonner.

Dès lors que vous commencerez votre grand « nettoyage »,
vous serez vraiment à même d'apprécier la vie
d'une tout autre façon.

Je suis désolé
Pardonne-moi
Merci
Je t'aime

Tout le bien,
tout le mal
et tout ce qui se trouve
entre ces deux limites,
ne dépend
que de nous

Introduction

Voici un bref exposé des principales caractéristiques de Ho'oponopono.

Ho'oponopono : outil d'effacement de nos « mémoires ».

Nous sommes dans un état continuel d'attente. Cela dans l'espoir de résoudre nos problèmes en changeant ce qui nous est extérieur, alors que la seule façon réelle que nous avons de trouver la paix, c'est de la chercher en nous.

Lorsque nous nous mettrons à sa recherche dans l'unique endroit où nous pouvons réellement la trouver, alors oui, la paix se répandra sur tout ce qui nous entoure.

Le TOUT n'est autre que mémoires et mémoires. Tous autant que nous sommes, nous ne sommes rien d'autre que mémoires et mémoires. Le monde est un miroir, et chaque élément de notre réalité n'est que le reflet de l'une de nos caractéristiques intérieures. Ceci est un concept des plus récurrents de la pensée humaine que l'on retrouve dans toutes les civilisations, sans aucun doute parce qu'il correspond à la vérité.

Il nous arrive parfois de vivre des expériences bouleversantes, d'être la proie de peurs, d'anxiétés. Nous pouvons épurer nos mémoires de ces manifestations. Nous pouvons les laisser aller sachant que ce ne sont que des souvenirs, les laisser aller en nous jouant d'elles.

C'est lorsque nous assumerons la responsabilité de tout à cent pour cent que nous découvrirons la paix en nous.

S'aimer, c'est la façon la plus juste de s'améliorer et d'améliorer le monde en même temps.

Ho'oponopono signifie « mettre les choses à leur juste place ».

L'existence tout entière naît du dedans, et non pas du dehors. Sans notre « dedans », l'extérieur n'existerait pas. L'existence est un cadeau de la divine intelligence, elle se manifeste donc selon ses lois. Et ce cadeau nous a été donné dans un seul but, celui de pouvoir nous reconstituer en prenant conscience de ce que nous sommes vraiment, de notre identité, celle du *soi*, qui est à l'image de l'amour divin qui a créé le vide et l'infini.

Nous ne faisons qu'UN avec toutes les choses, dans un même temps et un même espace. Nous ne sommes que de simples extensions de la source d'énergie, laquelle est faite de la même substance que l'Univers entier.

Nous tous, nous sommes les créateurs de notre existence. Tout est créé par nous-mêmes aux fins de notre évolution. Tout ce que nous voyons, que nous écoutons, que nous entendons, que nous sentons, que nous touchons, que nous pensons, tout ce dont nous nous souvenons, tout ce qui déclenche en nous une réaction émotionnelle sont toutes des choses que nous avons créées.

Les belles choses, mais aussi les vilaines. Chacune d'elles existe parce que nous permettons qu'elle existe, et nous permettons qu'elle existe parce que c'est la chose la plus utile et la plus efficace pour nous.

Et cela nous ramène à Ho'oponopono.

Lorsque nous réussissons vraiment à comprendre qu'à chaque instant nous sommes en train de créer une parcelle de notre existence, nous réalisons clairement qu'il nous est possible de changer celle-ci tout comme nous l'avons matérialisée, puisque nous sommes les responsables des choses telles qu'elles sont.

Nous pouvons le faire tout simplement en témoignant notre gratitude à toutes les choses qui rendent notre vie heureuse, à celles que nous aimerions multiplier. Nous pouvons le faire aussi en demandant pardon à toutes celles que nous voudrions chasser ou voir régresser.

Tout le bien, tout le mal,
et tout ce qui se trouve entre ces deux limites,
ne dépend que de nous.

Pardonne-moi ; je suis désolé ; merci ; je t'aime.
Je suis conscient des limites de la vie incarnée.
Je suis désolé ; je t'aime.
Je suis conscient de l'énorme pouvoir
de mon esprit.
Merci ; je t'aime.
Je suis conscient des obstacles
que provoquent mes souvenirs.
Pardonne-moi ; je suis désolé.
Je suis totalement responsable des obstacles
qui se présentent dans ma vie.
Je suis désolé ; pardonne-moi ; je t'aime.
Je suis conscient de l'opportunité de croissance
que génèrent mes mémoires.
Pardonne-moi ; je suis désolé ; merci ; je t'aime.
... et qu'il en soit ainsi !

Avertissement

Ho'oponopono est un outil puissant qui trouve son origine dans la culture Huna hawaïenne. Au cours du temps, il a été modifié et restructuré pour suivre les mœurs, cependant ses racines et ses prémisses ont conservé les piliers fondamentaux de l'ancestrale philosophie Huna. En conséquence, pour comprendre la technique Ho'oponopono, posséder une connaissance de base de la culture Huna et de sa précieuse vision nous semble indispensable.

1.

Huna : l'origine du secret

En des temps très lointains, en Polynésie, une philosophie s'est développée, atteignant son apogée dans la tradition « Huna ». Huna signifie le « secret » ou la « connaissance cachée ». Les kahunas ou les « gardiens du secret » sont des indigènes hawaiiens ; ce sont les seuls et uniques gardiens de cette tradition, celle des arts magiques secrets de la culture hawaïenne.

Maria Fantocci écrit :

> *« Huna, la doctrine "secrète" des kahunas reflète leur profonde compréhension des mécanismes psychologiques et physiques de l'être humain et de l'énergie vitale qui relie l'homme au reste de l'Univers. Les modes de communication entre conscience, force vitale et matière invisible sont les fondements de la doctrine hawaïenne. »*

Toutefois il ne faut pas se méprendre sur le sens du mot « secret », car il n'inclut aucune intention de cacher quelque chose à la connaissance des gens. Cet appellatif se réfère au caractère mystérieux des choses de la vie, à leur caractéristique d'invisibilité qui les rend souvent difficiles à interpréter.

Dans ce cas précis, le « secret » est une connaissance ancienne qui de quelque façon est tombée dans l'oubli.

Le secret auquel les Hawaïens se réfèrent est donc une connaissance perdue : celle qui concerne la vision du monde des anciens chamans, jalousement conservée dans l'attente d'être redécouverte et présentée à l'humanité.

L'explorateur américain Max Freedom Long consacra plus de trente ans de sa vie à étudier les croyances mentales et spirituelles des indigènes hawaïens et les pratiques magiques des prêtres kahunas. Il ne résulte pas d'informations antérieures à celles de Long quant à cette ancienne philosophie spirituelle des hawaiiens à laquelle il attribua le nom de « Huna ». Selon lui, elle dérive des connaissances ancestrales de la population de ces îles auxquelles elle se réfère intégralement.

Freedom Long regroupa tout ce qu'il avait appris dans quelques-uns de ses textes qui, aujourd'hui encore, font autorité en la matière. Les conclusions de ses recherches sont fondamentales pour la connaissance et la compréhension de cette culture millénaire qu'est la culture hawaïenne.

De ses études, il ressort sans équivoque que les croyances Huna et les pouvoirs miraculeux des kahunas n'avaient vraiment pas grand-chose à voir avec les superstitions et la magie, comme voulaient le faire croire nombre d'anthropologues et de missionnaires, qui observèrent cette culture de façon plutôt hâtive et superficielle.

Max Freedom Long avait compris que cette ancienne sagesse relevait d'un don très spécial qui résidait essentiellement dans la capacité de déchiffrer les particularités de la conscience humaine, sa nature et ses morcellements, et surtout des énergies et des mécanismes à travers lesquels agissent les éléments de la conscience elle-même.

Toutefois quelques critiques reprochent à Max Freedom Long d'avoir américanisé cette ancienne tradition hawaïenne. Elles s'appuient sur le fait que ses études ne se basent sur aucune confrontation directe avec un authentique kahuna. Malgré tout, il faut souligner que les connaissances de Freedom Long reposent sur une observation et une étude approfondies de la langue hawaïenne, une activité menée en toute bonne foi, avec tous les mérites possibles, en premier lieu celui d'avoir porté cette tradition à l'attention du monde. Ce qui n'empêche pas de reconnaître qu'il n'a pas vraiment réussi à pénétrer à fond les mécanismes internes de cette philosophie, parce qu'il en a interprété l'ensemble (bien que de façon magistrale) sans jamais se confronter à un authentique kahuna. Pour avoir cet approfondissement, le monde a dû attendre Serge Kahili King et ses connaissances transmises par des kahunas, car kahuna lui-même.

Les kahunas sont d'abord des chamans guérisseurs. Depuis toujours, ils ont compris que la psyché humaine est un système triparti composé de deux « âmes » et d'un « esprit-guide », qui correspondent respectivement à ce qu'on appelle aujourd'hui esprit conscient, inconscient et surperconscient ou surconscient (en d'autres termes ego, subconscient et moi supérieur).

Les kahunas savent que l'esprit conscient et l'esprit inconscient se meuvent de concert chez l'homme, tout en maintenant l'un et l'autre leur propre compétence mentale et leur propre rôle dans la détermination de leurs comportements. D'ordinaire nous les situons, bien que figurément, le premier dans le cerveau et le second dans le cœur.

Les kahunas considèrent que le subconscient est doté de la faculté mnésique et de la représentation du souvenir, mais qu'il ne possède que des processus élémentaires de raisonnement basés sur l'instinct. Par contre, l'esprit conscient n'a pas de mémoire et n'a donc pas le pouvoir de faire revivre par la pensée un événement qui a échappé à l'attention ; en revanche, il a la prérogative du raisonnement et du choix. Sa particularité est justement celle de pouvoir décider ! Disons que celle-ci coïncide en quelque sorte avec la *rationalité*.

Maria Fantocci écrit encore :

> « *L'esprit conscient doit communiquer avec le subconscient pour rappeler à la mémoire toute pensée, quelle qu'elle soit. En outre, l'esprit conscient possède le pouvoir exclusif d'utiliser la volonté et le raisonnement de manière inductive.*
> *L'esprit conscient ne peut pas être hypnotisé, alors que le subconscient réagit à l'hypnotisme comme aux suggestions.* »

La philosophie Huna n'est pas une religion ; elle ne prévoit pas l'existence d'une foi, de croyances spéciales ou d'un objet de culte ; elle n'est pas gérée par une hiérarchie de maîtres spirituels ou de prêtres dépositaires, propagateurs de telle ou telle « vérité », doctrine à laquelle adhèrent leurs disciples. Il s'agit plutôt d'une théorie philosophique ouverte, sans aucun dogme, ayant pour finalité de surmonter, du point de vue fonctionnel et pratique, les obstacles qui se présentent en continu. Lors d'un séminaire auquel nous avons participé, Serge Kahili King a précisé que l'unique condition nécessaire et suffisante pour pratiquer le Huna, c'était d'« être en vie ».

C'est une philosophie de vie qui ne vise qu'à être efficace. Nous nous trouvons devant un système de recherche existentielle et de développement personnel qui se joue sur deux plans : pratique et flexibilité.

À bien y penser, on pourrait noter pas mal d'analogies avec le bouddhisme. En effet, l'enseignement de bouddha est un style de vie et non pas un système de croyances. Ce qu'il a transmis est extrêmement scientifique, absolument empirique, très pratique. Il n'était ni philosophe ni métaphysicien, mais, en homme très concret, il a affirmé : « Tu peux changer ta vie, les croyances ne sont pas nécessaires. » Au contraire, selon lui, tout credo, quel qu'il soit, est un obstacle au changement réel.

Un jour, Osho a donné ce conseil :

> *« Commence libre de tout credo, sans aucune métaphysique, sans aucun dogme. Commence absolument nu, dépouillé, libre de toute théologie, de toute idéologie. Commence vide ! Ceci est la seule manière d'atteindre la vérité. »*

Gardons bien ces concepts en tête, car nous allons retrouver les mêmes à la base de Ho'oponopono.

Le bouddhisme est une science de la vie intérieure. La méditation y contribue de façon fondamentale, car elle facilite le déplacement de la conscience, qui passe du monde extérieur à notre monde intérieur (rappelons toutefois que si la méditation est un outil, ce n'est ni le seul ni le meilleur pour atteindre ce but).

Pour en revenir aux kahunas, nous avons dit que les adeptes de la philosophie Huna utilisent leur savoir exclusivement dans des buts pratiques.

Les méditations, les chants, les initiations, les rites et les techniques mis au point par Huna sont utiles à notre développement personnel, pour élever notre spiritualité, et sont aptes à nous offrir beaucoup plus de sérénité, de bonheur et de joie dans notre vie de tous les jours.

Là est leur but, là réside leur utilité.

Aux Hawaii, les maîtres de cette doctrine sont appelés chamans *kahunas* (qui signifie comme nous avons vu ceux « qui gardent le secret ») ; on parle de chamans *tahunas* à Tahiti et de chamans *tohungas* chez les Maori.

Pour avancer dans la « lumière », il n'y a pas qu'une seule voie à suivre, bien droite. S'il existe au monde des techniques efficaces pour résoudre les problèmes, celles-ci sont toujours compatibles avec la philosophie Huna. Ce qui compte, c'est que ces systèmes fonctionnent vraiment. Huna n'est pas dépositaire de l'unique vérité, elle propose tout simplement une série de méthodes expérimentées et efficaces.

En quoi les techniques Huna et Ho'oponopono diffèrent-elles ? Le Dr Hew Len l'a énoncé clairement : la première est une philosophie humaine tandis que la seconde dérive directement du divin.

La philosophie Ho'oponopono a été développée par la chamane Morrnah Simeona à partir de ses connaissances, profondes et inspirées, donc de source divine... Mais comme bien évidemment la chamane était un être humain, on peut dire que Ho'oponopono est une technologie née pour être utilisée par l'homme à travers sa partie divine.

En outre, comme nous le verrons, Ho'oponopono se base exactement sur les principes Huna, qui vont de l'usage de la responsabilité en passant par l'inutilité (voire l'entrave) des aspirations et des attentes, jusqu'à la vision de l'être humain en tant qu'être formé de subconscient, de conscient et de surconscient (ou toute autre appellation ésotérique similaire). Difficile de savoir ce qui, dans Huna, est de source « inspirée » puisque ses origines se perdent dans la nuit des temps, toutefois étant donné la quantité de correspondances avec d'autres doctrines transmises par les illuminés dans le reste du monde, il nous semble très plausible qu'il en soit ainsi pour la plus grande partie de ses principes.

Les sept principes Huna

Il y a sept principes à la base de la pensée Huna, mais les modalités selon lesquelles ces principes se révèlent dans la réalité sont innombrables, voire infinies.

Dario Canil écrit :

> *« Parmi les centaines de principes qui caractérisent leur système et en vertu du symbolisme ésotérique du chiffre 7, les chamans Huna ont coutume d'en indiquer sept. Ce sont des principes fondamentaux, à caractère révélateur, car capables de réveiller chez quiconque une profonde connaissance en ce qui concerne les mystères de l'existence.*
>
> *Sept se traduit en hawaïen par le mot HIKU. HI qui signifie "couler" représente le principe féminin, et KU qui signifie "rester immobile" représente le principe masculin.*
>
> *Ces sept principes fondamentaux des chamans Huna des Hawaii constituent une sorte de vision du monde, un paradigme très intéressant et en même temps une référence pragmatique pour qui veut expérimenter l'art du chamanisme dans un contexte moderne et urbain. »*

Rappelons que Huna signifie « secret », au sens de « tombé en désuétude ». Sa nature n'étant pas de rester caché, ce secret a été finalement porté à notre connaissance.

Les sept principes

présentés et définis à partir de leurs termes hawaïens

1.
Ike : le monde est ce que vous pensez qu'il est

Tout n'est qu'illusion, les systèmes sont subjectifs.

Huna repose sur la conviction que le soi est constitué de trois parties : *KU*, le subconscient ; *LONO*, le conscient ; *AUMAKUA*, le moi supérieur.

Chacun de nous crée sa réalité personnelle à partir de ses idées, ses pensées, ses habitudes et ses propres convictions et surtout à partir de ses sentiments et ses émotions.

Nous sommes de puissants cocréateurs de la réalité. Huna n'a d'autre fonction que celle de nous rendre conscients de ceci et de nous apprendre à être des créateurs conscients. En somme, tout dépend de la perspective de départ : si nous pensons réussir, nous réussirons sûrement ; si nous pensons ne pas réussir, nous ne réussirons sûrement pas.

Nous sommes responsables de tout ce qui nous arrive, comme de la valeur que nous y attribuons et dans laquelle entrent en jeu nos perceptions et nos réactions, nos jugements de situations et de contingences.

2.
Kala : tout est possible

Tout est lié, la séparation n'est qu'une illusion, il n'existe aucune limite.

Il n'existe pas de véritables frontières entre le moi intérieur et mon corps, entre moi et vous, entre nous et les autres, entre les gens et les choses, et pas même entre l'homme et Dieu. Tout est UN, et la multiplicité ne dépend que de notre perception de la réalité (de notre jugement).

C'est exactement ce qu'embrasse la conception Huna. Dans tout ce qui est, qui a été ou qui sera, les séparations y sont qualifiées de conventions fonctionnelles humaines. Il en découle qu'il n'existe pas de limites aux connexions que chacun de nous peut établir. Nous pouvons entrer en contact avec plusieurs choses ou plusieurs situations, dans le temps comme dans l'espace, il nous suffit de rester ouverts aux possibilités.

Nous sommes immergés dans un « Univers holographique ».

Conséquence directe de ce contexte, chacun de nous a en soi un potentiel de créativité infini, en qualité comme en quantité. Toutefois, force nous est de constater qu'à notre époque la plus grande partie des êtres humains n'en a pas conscience.

Il nous est possible de réaliser toute chose pensée, apte à nous émouvoir. Et nous pouvons le faire quand et de la façon que nous préférons, parce que le monde est ce qu'il est en vertu du fait qu'il dérive de notre vision. S'il y a des limites à la réalisation de nos pensées, ce ne sont que celles que nous nous donnons.

Si nous acceptons une possibilité, nous pouvons en faire une réalité.

3.
Makia : l'énergie va où se dirige l'attention

... et l'attention va où flue l'énergie.

Voilà pourquoi il est très important d'être toujours conscient des émotions que l'on éprouve et de ce qui est à leur origine.

Ce sont nos émotions qui orientent notre chemin, ce sont elles qui définissent notre vie. Si nous apprenons à gérer le flux d'énergie (*mana*) déterminé par nos émotions, en le contrôlant (contrôler les émotions ne signifie pas les inhiber, mais simplement en être conscient) nous développons notre pouvoir créateur. Nous obtenons ce sur quoi nous nous concentrons le plus, en positif comme en négatif.

S'entraîner à transformer nos comportements et nos états d'esprit négatifs (qui nous procurent des sensations de malaise) en comportements et états d'esprit positifs (qui nous procurent des émotions agréables), c'est ce qu'il y a de plus simple pour augmenter notre *mana*.

En somme, le stratagème, c'est d'être conscient et d'accepter avec un sentiment de miséricorde toutes nos pensées et nos sensations négatives sans les combattre, tout simplement en les transformant consciemment en émotions bienveillantes lorsqu'elles se présentent. Il suffit de partir du principe que leur négativité n'est déterminée que par notre jugement, et que donc une émotion désagréable peut toujours être contrebalancée par une émotion positive. Si nous la retenons désagréable, cela ne signifie pas qu'elle le soit objectivement.

Plus notre attention est vigoureuse, plus nos trois « soi » sont alignés (conscient, subconscient, surconscient ou en d'autres termes : ego, enfant intérieur et moi supérieur) et plus les résultats se révèlent rapidement et deviennent évidents.

La capacité de vigilance de notre ego dépend de notre volonté. C'est donc un choix à prendre de notre part. Quant à notre subconscient, sa capacité de vigilance dépend de nos habitudes (le subconscient est réglé par les habitudes et il est instinctif).

Plus une situation donnée se transforme en habitude, plus notre subconscient la transforme en réalité.

Notre subconscient ne s'aligne sur le moi supérieur que si les deux premiers « soi » sont dans un état de concordance. Le moi supérieur est toujours orienté vers ce qu'il y a de préférable pour notre bien, et si nos deux autres composantes sont alignées sur ce qu'il y a de meilleur, les jeux sont faits.

Un tel alignement nous permet de surmonter doutes, peurs, craintes et angoisses sans devoir les combattre, simplement en les acceptant. Et plus le sentiment de gratitude que nous associons à leur acceptation est élevé, plus cet alignement de notre intériorité devient facile.

L'entraînement mental est une activité fondamentale. Si nous réussissons à maintenir l'attention centrée sur ce que nous voulons suffisamment longtemps, cela devient une habitude au niveau de la fréquence supérieure. C'est ainsi que nous éduquons, que nous accoutumons notre subconscient à notre volonté (ego).

Selon les principes Huna, nul besoin de prier un être supérieur de quelque nature que ce soit pour obtenir quelque chose ;

nous ne devons ni supplier ni implorer qui que ce soit, nous ne devons pas tenter de forcer les choses en pliant à notre volonté une quelconque puissance supérieure : nous devons simplement focaliser notre esprit sur ce que nous désirons dans l'attente de le réaliser.

Pour être ce que nous voulons être, il est nécessaire de penser intensément à **quel état nous aspirons.** Plus les détails évoqués seront nombreux, plus nos doutes et nos craintes deviendront flous et plus la réalisation de celui-ci s'alignera sur nos attentes.

Pour concrétiser notre bonheur, nous ne devons pas nous remettre à des divinités supérieures plus ou moins définies, car nous-mêmes, nous avons été créés à l'image du divin, lequel étant UN fait partie de nous. Pour en faciliter la compréhension, il est identifié avec notre moi supérieur.

Donc, pour trouver Dieu, nous n'avons pas à nous affairer à de multiples recherches ou à nous confier à des maîtres divers ou des prêtres dépositaires du « Verbe ». Nous devons tout simplement accomplir une recherche de type introspectif afin de découvrir le contact avec notre moi supérieur et la manière de le garder.

4.
Manawa : maintenant, c'est le moment du pouvoir

Le « maintenant » est en relation à l'attention.
Le pouvoir augmente en focalisant l'attention.

Dans le « ici et maintenant », nous avons la possibilité de changer l'avant et l'après, c'est-à-dire de modifier l'influence du passé (par exemple en reconsidérant de vieilles croyances limitatives) afin que ce que nous voulons pour l'avenir puisse se réaliser. Le doute et la peur sont les seuls freins qui rendent cette possibilité inefficace, car s'ils s'immiscent dans nos intentions, ils les ébranlent. Ce sont eux les véritables responsables de nos croyances limitatives.

Le manque de confiance en nous-mêmes et dans nos potentialités nous fourvoie. Attention ! La conscience, il faut toujours la maintenir dans un état de vivacité… car ce que voulons, nous pouvons l'obtenir avec tout ce qui s'ensuit.

C'est pour cette raison que se concentrer sur les états d'âme qu'on désire atteindre plutôt que sur les moyens que nous croyons capables de nous offrir telle ou telle sensation est fondamental. Notre ego pourrait bien se tromper (chose très probable) et, une fois les moyens obtenus, il se pourrait qu'en réalité ceux-ci ne soient pas du tout aptes à nous faire atteindre la paix intérieure.

5.
Aloha : aimer, c'est être heureux ensemble

L'amour augmente lorsque la critique diminue.
Tout est vivacité, conscience et sensibilité.

Le sens profond du terme hawaïen « aloha » est « copartage (*alo*) joyeux (*oha*) de l'énergie vitale (*ha*) maintenant (*alo*) ».

Le secret, c'est de toujours écouter nos émotions et de suivre le chemin dicté par notre cœur. Il est important de se laisser transporter par nos sentiments et de leur faire confiance. C'est se fier à notre « soi » supérieur, lequel communique avec les deux autres « soi » à travers émotions et sentiments. Chaque action que nous entreprenons est liée à des émotions ; si nous apprenons à évaluer celles-ci, nous ne pourrons plus nous tromper au moment d'agir.

Si une certaine chose nous procure un état de profond bien-être, cela signifie qu'elle est juste, que c'est ce qu'il nous faut. Et vice versa en cas de mal-être ! Si nous agissons en harmonie avec nos émotions, l'Univers nous aidera à réaliser nos désirs.

Et il va de soi que l'ennemi juré de la sérénité comme de l'alignement susdit, c'est le **jugement**, et en conséquence la critique. Acceptation et tolérance doivent devenir nos mots de passe.

6.
Mana : tout le pouvoir nous vient du dedans

Tout est imprégné de pouvoir. Le pouvoir vient de l'autorité.

À l'origine, cette philosophie portait le nom de « Ho-omana », ce qui signifie « créer la *mana* », or, la *mana*, c'est la force vitale. Comprendre comment augmenter notre force vitale, c'est savoir comment accroître nos potentialités créatrices. C'est de notre intériorité que naît notre pouvoir ! Alors, jouissons de ce pouvoir ! Choyons nos émotions positives ! Que celles-ci aussi nous nourrissent de caresses ! Et crions : « Merci ! C'est fantastique ! J'en veux encore ! »

En dehors de nous, il n'existe aucun pouvoir. Car c'est le pouvoir de l'Univers qui agit à travers nous, qui passe en nous. Il n'agit pas hors de nous ! Nous faisons partie de l'Univers et l'Univers fait partie de nous dans un seul UN. Nous ne sommes qu'une sorte de canal qui sert à transmettre nos choix émotionnels à l'Univers, et cela pour le mettre en marche en lui donnant sa consistance, et une certaine direction. Personne n'a de pouvoir sur nous si nous ne sommes pas disposés à le lui donner, tout comme nous n'avons aucun pouvoir sur les autres.

Même un Maître n'a aucun pouvoir sur nous. Personne ne peut transférer en nous son pouvoir, parce qu'il est déjà en chacun de nous. Le hic, c'est que souvent nous n'en sommes pas conscients.

Le bouddha dit :

> *« Ne crois en rien, peu importe où tu l'as lu, qui l'a dit, même si c'est moi, sauf si c'est en harmonie avec ta raison et ton bon sens. »*

7.
Pono : l'efficacité est la mesure de la vérité

Il y a toujours une autre manière de faire la même chose.

La vérité absolue n'existe pas. En revanche, la vérité effective, subjective, existe. Celle qui dépend du point de vue de l'individu. Une voie à parcourir prédéfinie n'existe pas, parce que ce qui est bon pour l'un ne l'est pas nécessairement pour l'autre.

C'est notre jugement qui détermine les événements de façon qualitative. Chaque situation donne lieu à de multiples points de vue et à de multiples voies qui mènent à la meilleure solution, qu'il s'agisse de problèmes spirituels, mentaux ou physiques.

Huna est une théorie qui se base exclusivement sur la pratique. Tout autre système d'acquisition de connaissances y est considéré approprié s'il résulte utile.

Jamais il n'existera une seule manière d'atteindre un objectif. Les points de vue sur telle ou telle situation sont multiples ; il en va de même quant aux modalités d'action. Que l'une d'elles soit plus vraie ou plus juste qu'une autre dépend de notre point de vue. C'est dire que tout système de connaissance et d'action résulte subjectif du fait que l'individu y joue un rôle.

Nous sommes donc tout à fait libres d'utiliser le système le plus approprié à notre manière d'être, en nous assurant toutefois de respecter les points de vue et les manières d'être des autres avec une extrême attention. En pensant : « Ma liberté finit là où commence celle des autres. »

L'être humain

Selon la tradition hawaïenne, l'être humain est constitué d'une série d'éléments dont voici les principaux :

- le corps physique
- l'énergie vitale
- l'esprit

La culture occidentale tend à identifier l'esprit avec le cerveau, mais, si par esprit nous entendons notre moi pensant, capable d'éprouver des émotions, des états d'âme, capable d'avoir un sentiment identitaire, d'être conscient, etc., il n'a jamais été démontré scientifiquement que cet esprit corresponde au cerveau humain.

Les chamans hawaïens (les *kahunas*) soutiennent que l'esprit est quelque chose d'éthéré et d'immatériel, qui utilise le cerveau comme moyen physique pour agir en relation directe avec l'essence éthérée universelle, celle qu'en Occident nous identifions avec la conscience collective.

Selon l'ancienne tradition Huna, cet esprit est constitué de trois éléments, pas vraiment distincts l'un de l'autre, chacun ayant une fonction qui lui est propre et qu'il est opportun de distinguer formellement afin de pouvoir en parler en connaissance de cause :

1. *LONO*, le « soi » conscient.
2. *KU*, le subconscient (connu aux Hawaii come *Unihipili*).
3. *AUMAKUA*, le « soi » supérieur.

LONO : le « soi » conscient

L'ego.

Nous sommes toujours accordés à notre *lono*, du moins quand nous sommes éveillés. À vrai dire, nous nous identifions vraiment avec notre *lono*. Toutefois, la plupart des individus ne sont même pas à connaissance de l'existence du subconscient et du moi supérieur.

L'esprit conscient est également étroitement lié à la réalité physique dans laquelle nous sommes immergés et s'emploie à communiquer, évaluer, raisonner, décider, agir, désirer et à rêver. Il a toujours une forte volonté de garder le plus possible toutes les situations sous contrôle, en attribuant ce qui échappe à sa volonté au hasard, à la destinée, etc.

L'esprit conscient est celui qui se situe entre le subconscient et le moi supérieur. C'est celui qui tient la barre, qui prend les décisions, qui fait usage du fameux libre arbitre. L'esprit conscient est celui que nous pouvons identifier avec la pensée et avec la volonté.

Le *lono* a une sphère d'action nettement restreinte, parce qu'il doit se plier aux limitations physiques (les cinq sens) et aux lois de l'Univers (force de gravité, forces électriques et magnétiques, couleurs et sons dont les vibrations sont hors de sa capacité de perception, etc.). Mais, bien que n'étant pas omnipotent, le fait que notre séjour sur Terre soit plus ou moins agréable dépend presque exclusivement de lui.

Le moi supérieur connaît nos objectifs. On peut les atteindre de n'importe quelle façon, le moyen pour y parvenir dépend en très grande partie du moi conscient à travers le libre arbitre.

Petite parenthèse : dans la tradition hawaïenne, le libre arbitre n'est pas pris au sens de liberté absolue, de faire tout ce qui nous plaît indépendamment des exigences de qui et de quoi nous entoure (dans cette culture comme dans la nôtre un tel comportement est d'ailleurs défini « anarchique »).

Le libre arbitre, c'est ce qui nous permet de décider comment réagir (de manière active ou passive et selon quelle modalité) aux expériences que nous sommes en train de vivre et ce que nous voulons expérimenter et ressentir dans le présent pour nous construire l'après.

C'est dans la créativité que le *lono* exprime sa plus grande capacité.

À travers l'imagination de ce qui sera et qui n'est pas encore, on peut puiser dans les ressources illimitées de l'Univers où tout est possible et où existe toujours une façon d'obtenir ce à quoi on aspire.

Puisque le subconscient ne sait pas distinguer les événements imaginaires des situations réelles, le *lono* est capable d'influencer le *ku* en focalisant une attention consciente et soutenue sur la réalisation de ce qu'il désire le plus.

Si cet exercice de concentration est répété pendant un temps suffisamment long, on incite le subconscient à enregistrer ce désir dans ses archives comme si c'était quelque chose de réel et à réagir en conséquence.

Le *lono* et le *ku* étant alors alignés sur ce désir précis, le moi supérieur (en contact constant avec l'énergie de l'Univers) s'active à son tour pour donner de l'énergie à notre objectif et faire en sorte que celui-ci se manifeste dans notre réalité.

Voilà pourquoi le « soi » conscient est considéré cocréateur de la réalité.

Tout ce mécanisme (apparemment complexe) fait partie de plein droit de nos potentialités et de nos capacités naturelles. Nous pouvons en tirer nombre de bienfaits sans risquer de pénaliser qui que ce soit.

KU : le subconscient

Unihipili ou l'enfant intérieur.

Puis il y a le *ku*, le subconscient, dont la zone d'influence est plus interne par rapport à celle du *lono*.

Il contrôle toutes les fonctions involontaires de notre corps. En outre, c'est lui qui donne vie aux automatismes émotionnels, à tel ou tel sentiment en réponse à tel ou tel événement.

Il enregistre toutes les expériences et il les catalogue dans ses archives personnelles auxquelles lui seul a accès. En effet, à ce niveau nous n'avons pas d'accès « volontaire » à notre moi. Si nous voulons interférer sur lui, il nous faut agir par truchement, tromper son côté instinctif afin de le manœuvrer avec notre volonté.

Le subconscient est celui qui s'occupe de toutes les fonctions autonomes du corps (respiration, battement cardiaque, hoquet, etc.), qui se préoccupe de classer dans ses archives personnelles spécifiques toutes nos expériences et les émotions qui leur sont liées. En outre, il distribue systématiquement l'énergie là où le corps la réclame et répare les petits dommages. Tout ceci survient automatiquement, rien de conscient ni d'arbitraire n'entre en jeu. C'est à peine si nous nous en rendons compte et la plupart du temps, nous ne nous intéressons pas le moins du monde à toutes ces activités du *ku*. Il en est ainsi et c'est bien comme ça. Connaître certains processus importe peu pourvu qu'ils fonctionnent. Il n'est pas nécessaire d'être spécialiste en anatomie pour respirer ou digérer !

Toutefois, outre ses fonctions propres, le subconscient exécute aussi les ordres du « soi » conscient. C'est une sorte de secrétaire occulte du « soi » conscient, il prête toujours une extrême attention à toutes les émotions que nous éprouvons et il classe toutes les réactions décidées par le *lono* en les archivant selon les automatismes.

L'esprit conscient n'est pas émotionnel : il est rationnel. Il s'occupe d'évaluer les faits et de donner des ordres pour réagir. C'est le subconscient qui se charge des émotions qui s'y rattachent, ainsi que de l'archivage de l'ensemble de ces associations faits/réactions émotionnelles. À une situation donnée correspond une réaction donnée qui s'accompagne d'une émotion donnée, et il en sera toujours de même tant que le subconscient n'aura pas la possibilité de modifier quantitativement les associations qualitatives.

Plus le *ku* archive d'informations, plus sa capacité de réaction autonome s'accroît.

Les problèmes apparaissent lorsque *ku* et *lono* ne se trouvent pas sur la même ligne d'action.

Si le *lono* décide qu'une certaine réaction à une certaine situation n'est plus acceptable, il intervient de façon à ce que le *ku* puisse assimiler le changement nécessaire. Pour ce faire, il propose un nombre suffisant de situations auxquelles correspond la réaction consciente voulue jusqu'à ce que le *ku* soit convaincu, accepte la perspective émise par le *lono* comme étant celle qui est juste, pour la transformer en habitude.

Tant que le *lono* n'a pas réaligné le *ku* sur le « soi », le *ku* continue d'élaborer des processus dits d'« autosabotage », lesquels constituent des croyances limitantes, des blocages énergétiques qui vont nous harceler sans trêve.

D'un côté, le « soi » conscient ne se souvient jamais de tout ce qu'il y a dans les archives du subconscient. Le problème des croyances sournoises réductrices ou « mémoires récurrentes » qui nous empêchent souvent d'avoir la vie que nous voulons dérive justement de ces « oublis ».

De l'autre côté, le subconscient conserve diligemment tout ce qui concerne notre expérience passée. Celle-ci va refaire surface à chaque moment jugé opportun par le *ku*, et cela tant que le « soi » conscient ne se décidera pas à intervenir.

Le subconscient recherche toujours instinctivement le plaisir et le bien-être, il évite la douleur comme la peste et, s'il ne peut vraiment pas éviter d'affronter un désagrément, il choisit toujours le moindre mal sur la base des informations que lui fournit son archivage.

AUMAKUA : le moi supérieur

Le divin qui est en moi.

Enfin, il y a *aumakua*, le moi supérieur qui s'identifie avec notre conscience spirituelle, cette partie de notre moi qui semble nous observer depuis une autre dimension, qui semble toujours connaître quelle est la voie la plus juste, et nous la suggère, d'une façon qui n'est pas toujours très compréhensible dans l'immédiat.

Le moi supérieur entre en communication avec le « soi » conscient à travers nos émotions, parfois à travers nos rêves. Quant au « soi » conscient, lui, il peut entrer en contact avec le moi supérieur à travers la méditation.

Le moi supérieur, c'est l'essence profonde de l'être humain. C'est la conscience de soi qui se situe au-delà du temps, de l'espace et de notre existence terrestre, c'est-à-dire la partie divine qui est en chacun de nous, celle que les Occidentaux ont dénommée « âme ».

Il arrive qu'il soit identifié avec notre ange gardien. Car en fait, il est parfaitement au courant de notre feuille de route native et nous pilote selon cette trajectoire. Il est également au courant de notre objectif général inscrit dans le dessein global du TOUT à travers nos vies passées ; de ce point de vue, il représente donc notre source d'énergie vitale qui reste en contact étroit et continu avec l'énergie de l'Univers. Mais le moi supérieur connaît aussi notre objectif personnel, celui que nous devons atteindre à travers notre expérience terrestre. Cependant il cède la décision de la voie à parcourir à notre moi conscient qui en détient donc la prérogative et il n'intervient que lorsque celui-ci nous dévie du bon chemin, en mettant irrémédiablement à risque notre destination et par la suite la réalisation de notre objectif.

L'intervention du moi supérieur se fait sentir par exemple à travers des solutions qui surviennent à l'improviste pour régler nos problèmes, ou des rencontres providentielles, des guérisons inexplicables, des coïncidences, voire de véritables miracles.

Ce qui est sûr et certain, c'est que l'objectif est ciblé. Comment et à quel niveau de satisfaction, cela va dépendre des choix du moi conscient aligné sur le subconscient. Le moi supérieur demeure de toute façon notre principale source d'inspiration et notre guide grâce auquel nous trouverons toujours la juste voie afin de réaliser nos désirs de la façon la plus simple et la plus productive.

Pour que le *lono* entre en contact avec l'*aumakua*, la méditation et la recherche introspective peuvent être nécessaires, car le contact entre eux n'est pas toujours automatiquement ouvert même si l'*aumakua* est toujours présent et conscient.

En hawaïen, *akua* signifie « esprit ».

Le chaman, cocréateur de la vie

En ce qui concerne la guérison de maux physiques, l'approche du chaman est très spéciale. Le chamanisme hawaïen est une particularité dans la particularité, une singularité dans cette culture déjà exceptionnelle que sont la philosophie et l'approche chamaniques.

En tout cas, quelles que soient ses origines physiques et culturelles, un chaman est avant tout un esprit évolué qui s'implique pour le bien collectif. Doté d'un esprit créatif puissant, il en fait amplement usage.

Toutes les connaissances qu'il a reçues ne sont jamais destinées à demeurer un savoir personnel, à usage et consommation du chaman-individu. Le savoir du chaman est au service de tous. Il est donc assez naturel qu'il ne puisse accepter passivement le cours des événements. Ce n'est pas un homme commun, il lui est impossible de se désintéresser des faits qui surviennent, comme des personnes qui s'y trouvent immiscées. Il est sans doute l'individu le plus impliqué dans le déroulement de la vie quotidienne et il utilise son pouvoir créateur pour intervenir activement sur elle.

Serge Kahili King écrit :

> « *Il y a une certaine satisfaction de l'âme dans la contemplation de la forme de l'arbre et du lieu où celui-ci a "atterri". Le chaman est un peu comme le sculpteur qui observe l'arbre, il est envahi par le désir de le transformer en une image intérieure… ou en un outil. Il ressent respect et admiration pour l'arbre tel qu'il est, mais à ceci s'ajoute la pulsion de devenir un avec l'arbre et de créer quelque chose de nouveau*[2]. »

Chez le chaman cette implication se manifeste dans l'art de guérir ; son activité principale est celle de l'« homme-médicament ».

Comme nous avons vu, indépendamment du lieu de provenance ou de ses origines culturelles, le chaman a comme

2 Serge Kahili King, *A scuola dello Sciamano* (« À l'école du chaman »), éditions Il Punto d'Incontro (www.sciamanismo.info).

mission principale de rétablir, toujours et en toute occasion et situation, l'équilibre entre l'esprit, le corps et la nature, lorsque celui-ci vient à manquer en générant une forme quelconque de maladie.

> « *Cette tendance au bien-être social et environnant est en effet ce qui distingue le chaman du sorcier décrit par Castaneda, lequel suit la voie du pouvoir (de la liberté) et d'une connaissance strictement personnelle. Cependant, quoique tous les chamans soient guérisseurs, la plus grande partie d'entre eux suit la voie du guerrier de Castaneda, alors que seule une minorité – dont les chamans des Hawaii font partie – parcourt ce que j'ai nommé la "voie de l'aventure"*[3]. »

La « Voie du guerrier » et la « Voie de l'aventure »

La philosophie hawaïenne comprend deux courants de pensée : la « Voie du guerrier » et la « Voie de l'aventure ».

Le chaman guerrier combat la maladie et le déséquilibre. Son comportement est un comportement de défense contre ces maux. Pour cela, il se concentre sur le développement de son pouvoir personnel afin de contraster le mal qui doit être constamment combattu.

En revanche, le chaman qui parcourt la voie de l'aventure ne combat jamais, il accepte. Il guérit la disharmonie avec l'har-

3 Ibidem.

monie, le déséquilibre avec le rééquilibre, la peur avec l'amour, en une coopération continue avec la nature.

> *« Voici un exemple tout simple concernant ces deux différentes approches face à un sujet porteur de problèmes psychologiques : le chaman guerrier va pouvoir former une barrière psychique solide qui le protègera contre l'énergie négative d'un autre sujet ; le chaman de l'aventure, lui, va plutôt lui enseigner comment harmoniser son énergie de façon à se maintenir dans un état serein, et par là devenir source d'apaisement, voire de guérison pour son entourage et autrui. La voie du chaman guerrier est souvent une voie solitaire, alors que celle de l'aventure est par nature extrêmement sociale*[4]. »

Bien que la différence entre ces deux courants de pensée apparaisse à travers une explication verbale de type macroscopique aussi, en réalité il est vraiment très difficile de distinguer les représentants de l'un ou de l'autre courant. Car tous deux sont dotés d'un pouvoir élevé, tous deux sont en mesure d'émaner et de transmettre un fort sentiment d'amour. Or, puisque dans un cercle vertueux, la capacité de donner de l'amour accroît les potentialités de l'individu (et inversement évidemment), ces deux voies sont absolument dignes de respect.

---

4 Ibidem.

2.

Ho'oponopono

Je suis désolé ! Pardonne-moi ! Merci ! Je t'aime !

Comme tous les enseignements de la culture hawaïenne, la méthode Ho'oponopono fait office d'outil, un outil essentiellement pratique, extrêmement facile à utiliser, et surtout très puissant. Engager notre responsabilité et bien cibler notre intention, se dire qu'on est « responsable à 100 % de sa réalité » et qu'on « entend la gérer consciemment » en sont les fondements.

Beaucoup de personnes sont restées littéralement fascinées par l'Univers de possibilités qui s'est ouvert devant elles en pratiquant cette technique hawaïenne qui ne demande pas de grands efforts pour récolter des résultats incroyables. Il faut toutefois préciser que la version la plus répandue dans le monde est celle de l'identité de soi, mise au point par la chamane hawaïenne Morrnah Nalamaku Simeona sous inspiration divine. C'est en effet cette femme qui codifia pour la première fois l'*Identité de soi par Ho'oponopono*, dite aussi « la Paix du moi », connaissance qu'elle transmit au Dr Ihaleakala Hew Len.

Si l'on désire obtenir des changements existentiels profonds, Ho'oponopono est l'une des meilleures méthodes existantes.

Une fois connue et comprise, c'est une pratique qui change la vie à quiconque l'adopte.

Pénétrer ses secrets puissants qui associent au savoir ancien la plus moderne des technologies mentales, c'est se sentir enfin libre de construire la vie pour laquelle nous sommes venus au monde.

Pratiquer Ho'oponopono, c'est se soumettre à l'une des expériences de transformation intérieure les plus profondes et libératrices jamais vécues.

Si vous prenez la décision d'aborder cette discipline, votre vie s'en trouvera changée à jamais.

Si vous ne vous sentez pas encore prêt à libérer votre vie de tous ses sentiments négatifs – stress, anxiété, sentiment de culpabilité, frustration, regret, nostalgie, douleur, dépression –, inutile de poursuivre la lecture de ce livre.

Mais si vous désirez la vivre pleinement, dans un état de paix intérieure alors même que vous êtes submergé de problèmes, si vous désirez la vivre à l'abri de l'influence de personnes négatives, libéré des peurs qui bloquent et vous empêchent d'accéder à votre véritable potentiel créateur, alors ici et maintenant, si vous le voulez, vous allez trouver un outil utile pour atteindre ce but ; alors oui, continuez à lire, prenez la voie de l'aventure, partez à la découverte de la technologie mentale la plus puissante jamais mise au point par un esprit humain.

Cet esprit formidable est celui de Morrnah Simeona, la dernière *kahuna* hawaïenne et l'une des pionnières qui a popularisé l'*Identité de soi par Ho'oponopono*.

Mais commençons par le commencement.

Bien que connu en France depuis peu, comme nous l'avons vu, Ho'oponopono fait partie des méthodes de guérison de l'ancienne philosophie Huna. Toutefois, la philosophie de Ho'oponopono dont nous sommes en train de parler est différente de celle qui est originaire de Huna, même si elle dérive directement de ses principes.

Dans le système Huna, la technique de guérison par Ho'oponopono est multipersonnelle. Elle demande la participation de tous au processus de réconciliation et de résolution des problèmes.

Cependant, au cours du temps, elle a subi une série de changements et d'évolutions avant de nous parvenir sous sa forme moderne dite L'*Identité de soi par Ho'oponopono*, c'est-à-dire celle où nous pouvons nous mettre en **communication directe avec la divinité**, où nous pouvons activer et gérer notre pouvoir intérieur.

Je suis dans l'amour et dans la lumière
du TOUT infini.
Merci, je t'aime.
Je suis l'amour et la lumière,
Je suis l'UN infini.
Merci, je t'aime.
Pardonne-moi ; je suis désolé ; merci ; je t'aime.
Je suis dans le pouvoir et dans la paix
de l'UN infini.
Merci ; je suis désolé ; pardonne-moi, je t'aime.
Merci, je t'aime ; merci, je t'aime ;
merci, je t'aime.
... et qu'il en soit ainsi.

3.

Ho'oponopono : une méthode ancestrale

Dans les îles Hawaii, la version traditionnelle de Ho'oponopono est encore en usage de nos jours. Elle a l'avantage de présenter une structure fixe qui laisse toutefois une bonne marge de manœuvre.

Ce qui la caractérise, c'est que son procédé est avant tout collectif, groupal. Dans les temps anciens, seuls les *kahunas*, ou les membres les plus âgés des cellules familiales, avaient le droit (mais aussi le devoir) d'y recourir. C'était un procédé qu'on utilisait (toujours en vigueur) pour soigner certaines maladies, psychologiques en particulier, et pour résoudre des conflits interpersonnels.

À notre époque, c'est aux membres les plus âgés de la communauté que revient le rôle d'activer ce procédé, mais celui-ci peut également être confié à un assistant social ou un psychologue, à condition qu'il le maîtrise parfaitement.

Un tel procédé ne démarre qu'en cas de raisonnables espérances de succès, c'est-à-dire si une volonté réelle anime tous les participants : celle de trouver la solution de leur problème, qu'il s'agisse d'une maladie ou d'un conflit de quelque nature que ce soit. Cette participation est absolument libre et volontaire.

Tous les participants doivent donc être disposés à mettre à nu sentiments et pensées avec la plus grande sincérité. Bien évidemment, si l'un d'entre eux a manifestement commis un tort, ce tort doit être obligatoirement réparé. C'est pourquoi tout participant doit s'engager à affronter une forme quelconque de réparation. Il est essentiel que chacun soit disposé, enclin même, à trouver une forme de pardon réciproque. Reconnu auparavant de façon officielle par l'ensemble des participants, l'activateur du processus remplit aussi un rôle de médiation. Tout se passe exactement comme au temps des traditionnels *kahunas*.

Le Ho'oponopono traditionnel est donc un procédé discursif qui vise à clarifier le problème émis par un membre de la communauté et sa suppression à travers le pardon. Afin d'éviter que les esprits ne s'échauffent, fait contre-productif pour la réalisation de l'objectif, la règle prévoit que les participants ne se parlent pas directement, mais s'adressent aux autres par le biais d'un modérateur, lequel peut éventuellement recourir à quelques moments de réflexion (*Omalu*).

En général, le processus suit donc le schéma suivant :

1. Prière initiale.
2. Exposition du problème objet de la séance.
3. Réflexion et discussion.
4. Repentir.
5. Réparation.
6. Pardon réciproque.

La culture Huna étant fondamentalement basée sur la conviction que l'être humain est constamment en communication avec des forces surnaturelles susceptibles d'envoyer à tout moment une inspiration constructive, la dimension spirituelle revêt toujours une extrême importance. Ainsi la prière initiale s'adresse au Dieu auquel les participants prêtent foi, quel qu'il soit.

En général, c'est pour soigner une maladie que le processus Ho'oponopono est mis en marche. Il faut préciser qu'en toute logique il n'exclut aucunement l'action de la médecine traditionnelle, disons qu'il l'accompagne, souvent avec des résultats surprenants.

Il se déroule en partant des justifications les plus superficielles. Puis les problèmes sont affrontés, creusés durant la discussion collective. L'objectif, c'est de déterminer leur origine, ce qui les a amplifiés, et lorsque les causes refont surface, que tout s'éclaire, ils se résolvent petit à petit, quelquefois à travers des intuitions inspirées. Cette phase est dite *mahiki.*

Ce qui prime dans ce procédé, c'est l'honnêteté, la disponibilité et une confiance totale, réciproque et inconditionnée de la part des participants. Il se termine donc par le pardon réciproque et par la libération des liens négatifs qui troublaient les « malades ». Cette phase s'appelle *mihi* et *kala*, mots qui se traduisent respectivement par « se repentir » et « fondre, défaire ».

C'est à ce moment-là que l'*aloha* est rétabli.

Ceci fait, le médiateur déclare l'*ho'omalu*, ce qui signifie mettre « une pierre sur le problème » et qu'on n'en parle plus !

Dans l'Antiquité, le processus Ho'oponopono se terminait par des rites de clôture de diverses natures (bains, offrandes ou célébrations).

Aujourd'hui, il se clôt par une fête (*luau*).

Il est clair que ce que nous venons de décrire n'est qu'une synthèse de la structure et des caractéristiques de la méthode Ho'oponopono traditionnelle dont la flexibilité procédurale est une prérogative fondamentale.

4.

L'*Identité de soi par Ho'oponopono*

C'est vraiment en vertu de cette capacité de modification et d'adaptation très souple voulue par Morrnah Nalamaku Simeona (1913-1992), la dernière *kahuna* hawaïenne, que la méthode Ho'oponopono traditionnelle a évolué et donné le jour à la méthode de l'identité de soi.

Morrnah Simeona a réadapté et mis à jour l'ancienne pratique Ho'oponopono de façon à ce qu'elle soit plus appropriée à la vie moderne. Elle a initié le Dr Ihaleakala Hew Len à celle-ci, lequel l'a ensuite portée à la connaissance de notre civilisation occidentale avec la contribution déterminante du Dr Joe Vitale.

Le mot hawaïen *ho'oponopono* se traduit littéralement par : réviser, corriger une erreur, ranger, mettre les choses à leur juste place, faire ce qui est correct, ou simplement, réparer les choses.

Les chamans hawaïens partaient du principe que, pour remédier à une quelconque situation déplaisante, il fallait avant tout se libérer soi-même de ce qui pouvait se refléter dans la circonstance à affronter – ceci partant du concept que la réalité qui se manifeste est le miroir de l'intériorité humaine.

Le Ho'oponopono est une méthode hawaïenne de guérison basée sur une connaissance ancestrale spéciale, immanquablement présente dans toutes les grandes traditions spirituelles.

Partant des enseignements de bouddha, et de ceux du Tao, de Mahomet et de Jésus pour arriver aux théories scientifiques les plus modernes (de la physique quantique par exemple), un seul et unique message est véhiculé : **chacun de nous est une énergie créatrice.** Notre réalité se révèle à travers elle. Nous n'avons qu'à apprendre à la gérer au mieux en l'aimant. Chacun de nous est le créateur de son propre Univers, un Univers qu'il partage avec les sujets qui y participent.

Dans ce contexte, toute forme de victimisme n'a aucun sens, il s'ensuit que cette attitude est exclue de cette nouvelle conscience.

Ne jamais se plaindre est la toute première règle à appliquer.

Nous ne sommes pas du tout des victimes inconscientes et impuissantes. Nous ne sommes pas à la merci des événements puisque chacun de nous est le créateur de tout ce qui se passe à l'extérieur et à l'intérieur de sa réalité. Y compris les enquiquineurs ! Ce sont nos pensées, nos émotions, nos sentiments – en un mot, notre intériorité – que nous voyons concrétisés dans notre réalité extérieure.

En intégrant d'anciennes convictions, la méthode Ho'oponopono propose un système de guérison révolutionnaire : **personne ne guérit personne, mais chacun se guérit soi-même.**

Quand un thérapeute se trouve face à son patient, la seule possibilité qu'il a de soigner, c'est en se pardonnant pour avoir créé en quelque sorte – par le biais de ses mémoires qu'il partage avec le patient – le problème du patient. La correction qui s'opère dans l'esprit du thérapeute à travers son propre pardon équivaut à ouvrir la porte de la guérison au patient.

La version moderne de Ho'oponopono adopte une technique de profond nettoyage de l'intériorité de l'individu (laquelle est en définitive la **seule réalité réelle**) qui aboutit à une complète liberté de gestion consciente de sa vie.

Dans de nombreuses traditions anciennes, le chaman était celui qui possédait une connaissance exceptionnelle du fonctionnement de tous les mécanismes de l'esprit – conscience et psychisme – qui interfèrent sur la vie et les actions de l'individu et d'autrui. Cette connaissance l'auréolait d'un grand ascendant puisqu'elle le dotait de la capacité d'agir avec lucidité et en connaissance de cause à l'intérieur de sa communauté.

Par contre, l'*Identité de soi par Ho'oponopono* part du principe que le nettoyage intérieur de soi a un impact très fort non seulement sur la modification de soi, mais également sur celle de tous les sujets concernés par le rituel du nettoyage, ceci toujours dans le cadre d'une vision holistique de l'Univers.

Cette technologie met le « soi » divin au premier plan, et très simplement, à travers la pratique de l'amour, du remerciement et du pardon. Si l'on a conscience de l'importance de nos mémoires, on a la possibilité de comprendre l'effet de nos pensées, de nos paroles, de nos actions et de nos intentions, non seulement sur nous-mêmes, mais sur notre réalité.

Voici la plus puissante des invocations de Ho'oponopono

Créateur divin, Père, Mère et Fils qui ne font qu'un…
Si moi, ma famille, mes proches ou mes ancêtres,
nous avons offensé votre famille,
vos proches ou vos ancêtres,
en pensées, en mots, en actes et en actions
depuis le début de la création jusqu'à ce jour,
nous implorons votre pardon…

Que ce pardon puisse nettoyer, purifier et libérer
tous les blocages, les mémoires, les énergies,
les vibrations négatives.
Et que toutes ces énergies indésirables soient transmuées en
pure lumière.
Et qu'il en soit ainsi !

Kahuna Morrnah Nalamaku Simeona

5.

Morrnah Nalamaku Simeona

Morrnah Simeona était une *kahuna* hawaïenne, une *kahuna la'au lapa'au*, c'est-à-dire une prêtresse guérisseuse qui pratiquait le massage Lomi Lomi ; *kahuna* signifie comme l'on sait « gardien du secret » et *lapa'au* signifie « spécialiste guérisseur ».

Voici la définition que le *Dictionnaire des Hawaii* de Mary Kawena Pukui & Samuel Elbert H. (1986) donne du terme *kahuna* : « Prêtre, magicien, prestidigitateur, chaman, expert en toute profession. »

La mère de Morrnah était l'une des dernières *kahuna la'au kahea*, une prêtresse qui soignait par les mots, laquelle faisait partie des membres de la cour de la reine Liliuokalani, la dernière souveraine des îles Hawaii.

Morrnah Simeona a été choisie pour être *kahuna* alors qu'elle n'était encore qu'une fillette ; elle a reçu le don de guérisseuse à l'âge de trois ans. Elle est devenue célèbre dans le monde entier grâce à l'enseignement de sa version moderne de Ho'oponopono (« *L'Identité de soi par Ho'oponopono* »), et en

1983 elle a été reconnue « trésor humain vivant » du patrimoine culturel immatériel des Hawaii. C'est donc sur la base de son expérience de *kahuna*, sur les connaissances secrètes qui lui ont été transmises, et sous inspiration divine, que Simeona a perfectionné cette technologie en adaptant l'ancienne philosophie Ho'oponopono à la mentalité de son temps, en réussissant à créer quelque chose de complètement nouveau et d'infiniment puissant.

La modernisation d'un ancien rituel de purification spirituelle a donné jour à un procédé si efficace que Morrnah Simeona a été invitée à enseigner sa méthode auprès de l'Organisation mondiale de la santé et auprès d'établissements médicaux dans le monde entier.

L'un des principaux aspects de modernisation que la technique Ho'oponopono doit à Morrnah touche le rituel collectif. En effet, en ce qui concerne le processus de nettoyage et de transformation, elle l'a élaboré de sorte que la présence d'autres personnes ne soit plus indispensable. Seul le guérisseur-médecin suffit, lequel revêt également le rôle du patient. Aucune sorte d'interaction n'est donc plus nécessaire entre le médecin et le problème, ou les personnes concernées.

En fait, en ce qui concerne notre propos, on peut dire qu'une seule présence est requise : la vôtre !

Voilà donc en résumé ce qu'est le Ho'oponopono moderne, dit « *Identité de soi par Ho'oponopono* ».

Morrnah Simeona a présenté son procédé ho'oponoponien pour la première fois lors de la *Huna World Convention en Ponolu'u* qui s'est tenue aux Hawaii en août 1980. Afin de le propager, elle a, entre autres, fondé une organisation *The Foundation of I - Inc. Freedom of the Cosmos.* C'est une organisation sans but lucratif qui promeut l'*Identité de soi par Ho'oponopono* aux États-Unis, au Canada, en Europe et en Asie et qui continue à superviser encore aujourd'hui les enseignements de sa fondatrice. Son siège se trouve à Philadelphie en Pennsylvanie[5].

L'*Identité de soi par Ho'oponopono* est essentiellement une version rénovée du Ho'oponopono ancestral qui exigeait la présence d'un médiateur entre les parties adverses. Avec les anciennes connaissances de Huna qui avaient fait leur preuve, ont fusionné les dernières découvertes scientifiques en matière de puissance de l'esprit, et de la pensée positive à l'égard des valeurs matérielles.

Morrnah a affiné la méthode Ho'oponopono de façon à ce que tous les processus de nettoyage et de correction puissent être entrepris individuellement sans besoin d'un médiateur ou d'un maître.

L'*Identité de soi par Ho'oponopono* est le summum du message de vie, où libération et joie pénètrent en profondeur dans notre subconscient pour nous procurer un changement souhaité définitif.

Morrnah désirait que, dans notre société occidentale, **toute personne** eût la possibilité de réduire le stress que la vie moderne lui infligeait. « Les Occidentaux, soutenait-elle, ont de grandes difficultés à laisser leur ego de côté. »

5 Réf.: www.hooponopono.org.

Et elle ajoutait :

« La mentalité occidentale accepte difficilement l'idée que nous soyons l'Être supérieur. Non seulement du fait que dans les églises occidentales traditionnelles, l'Être supérieur n'est pas une vérité évidente, mais surtout parce qu'il nous met en condition de craintive vénération. L'intellectualisme de l'homme occidental a conduit celui-ci à des extrêmes, à une mentalité qui divise et maintient les personnes dans un état de division. L'homme est devenu un destructeur parce qu'il continue à vivre dans la dualité et dans la séparation plutôt que de se laisser aller à la force du flux de la divinité qui, se manifestant à travers lui, peut toujours accomplir l'action la plus juste. »

La méthode Ho'oponopono n'est pas une religion au sens absolu du terme, il ne s'agit pas non plus de la philosophie Huna, elle ne prétend pas être « La » vérité, elle n'intervient dans aucune religion, mais est compatible avec toutes.

Il s'agit d'un mode de vie, d'une attitude mentale, dont les grandes caractéristiques sont paix intérieure, confiance, gratitude et rejet de tout esprit négatif.

En pratiquant Ho'oponopono, la paix et l'amour deviennent une manière d'être permanente… même si l'on est submergé de problèmes. Les enseignements de la *kahuna* Morrnah Nalamaku Simeona nous inspirent, nous motivent et nous permettent de vivre avec davantage de joie, d'espoir et de paix. Une vie vraiment… pétillante !

Morrnah a enseigné jusqu'à la fin de l'année 1980, puis elle a passé la main au Dr Ihaleakala Hew Len, lequel s'occupe des cours de formation de l'*Identité de soi par Ho'oponopono* depuis 1982.

La pensée transmise par Morrnah Simeona

Voici le principal objectif de Morrnah :

> « *Que la paix intérieure puisse vivre en chaque individu et se refléter sur la communauté, la société, la nation et l'Univers. Sans distinction de race ou de credo. Afin que les portes de la nouvelle ère s'ouvrent toutes grandes à la paix, l'équilibre, la sagesse et l'amour, pour toute la Création.* »

Ho'oponopono en est la clef.

Et elle ajoutait :

> « *En ce qui concerne la résolution des problèmes, le monde étant le reflet de ce qui se passe en nous, si des maladies ou des déséquilibres se manifestent, là où il faut aller voir, c'est en nous. Rechercher en dehors de nous un quelconque objet supposé être la cause de notre problème pour l'examiner n'a aucun sens. Tout stress, déséquilibre ou malaise ne peut être corrigé qu'en travaillant sur nous-mêmes.* »

Il est important de rappeler que l'*Identité de soi par Ho'oponopono* est fondamentalement différente des versions traditionnelles qui impliquent toutes les personnes concernées par le problème posé, lesquelles doivent être présentes physiquement et travailler ensemble, alors que celle-ci vous permet de tout gérer vous-même, de concert avec la divinité. Pas de déplacement, même minime, pour aller chercher ailleurs les réponses ou l'aide dont vous avez besoin. Il n'y a personne qui puisse vous donner des indications plus importantes que celles que vous pouvez obtenir en fouillant votre moi.

Voici quelques phrases célèbres de Morrnah[6].

- Si votre identité est vide, les souvenirs récurrents s'y installent. Ce qui empêche votre esprit de capter toute éventuelle inspiration. Pour remédier à cette situation, pour rétablir votre identité, le vide doit être récupéré à travers la transmutation des mémoires : effacer, effacer, effacer et trouver votre *Shangri-la*[7]. Où ? En vous.
- L'existence est un don de la divine intelligence. Et ce cadeau vous a été donné dans le seul but de restaurer votre identité à travers un système de résolution des problèmes. L'*Identité de soi par Ho'oponopono* est la nouvelle version d'un ancien procédé hawaïen de résolution des problèmes qui agit à travers le repentir, le pardon et la transmutation.

6 Réf. : self-i-dentity-through-hooponopono.net.

7 Shangri-La est le nom d'un lieu imaginaire décrit dans le roman *Lost Horizon* (titre traduit en français : *Horizon perdu*) écrit par James Hilton en 1933 (source : Wikipedia). (N.d.T.)

- Nous sommes le résultat de nos vécus. Ce qui revient à dire que nous sommes opprimés par notre passé. Lorsque nous vivons des moments de stress ou que nous sommes en proie à des peurs, si nous prenons la peine d'y regarder de plus près, nous découvrons à chaque fois que ceci est en réalité le résultat de certains souvenirs et des émotions qui leur sont liées, l'angoisse par exemple, ou le stress. Dans notre subconscient, on associe l'action ou la personne du moment présent à quelque chose qui s'est produit dans le passé. C'est ainsi que les vieilles émotions se réactivent, et que stress et craintes se déversent à flots.

- Le Ho'oponopono comporte la pleine et entière participation de chacun des quatre éléments du soi : l'intelligence divine, le moi supérieur, l'ego et le subconscient. Dans ce processus, ceux-ci doivent travailler en commun accord, chacun à leur tour, et chacun selon le rôle et la fonction qui lui sont propres. Le « soi » opère à travers l'inspiration ou l'intuition. Disons que, par rapport à la rose, l'intuition serait l'épine et l'inspiration la fleur. L'ego ne sert qu'un maître à la fois.

- Le but principal étant de nous aider à découvrir la divinité qui est en nous, la version parachevée de ce procédé est un don qui permet au pratiquant d'instaurer une relation active avec la divinité en apprenant à demander qu'à tout instant nos fautes – commises en pensées, en mots ou en actes – soient « nettoyées », éliminées. Ce procédé vise essentiellement une libération, et plus précisément à nous affranchir de notre passé.

- Le vide est le point commun, la force compensatrice de toutes les identités (animées et inanimées), et le fondement indestructible et intemporel de tout le cosmos (visible et invisible).

- Dès le premier instant de notre création, chaque souvenir de chaque expérience est enregistré sous une forme-pensée, mémorisée dans le royaume éthérique. Cet incroyable graveur, le subconscient, est aussi appelé *Unihipili*, c'est-à-dire l'enfant intérieur. L'enfant intérieur est bien réel et il englobe une partie du « soi ». Les autres aspects du « soi » sont : la « mère », dite *hane* ou partie rationnelle, et le « père », le superconscient ou partie spirituelle. À eux trois, ils composent la famille intérieure, laquelle en collaboration avec le créateur divin, représente l'identité de soi. Dans la création, chaque être humain, chaque plante, atome et molécule, possède ces trois « soi » et chacun de ceux-ci représente un modèle qui diffère totalement des autres.

- Toute personne a l'important devoir de trouver sa véritable identité et sa place dans l'Univers. Appréhender cette compréhension est possible grâce à Ho'oponopono, lequel a donc deux objectifs :

  1. Se mettre intérieurement en communication avec la divinité, minute par minute.
  2. Demander que cette opération et tout ce qu'elle contient soient purifiés.

Seule la divinité a le pouvoir de le faire. Seule la divinité a le pouvoir d'effacer ou de corriger les souvenirs et les formes de la pensée. Puisque la divinité nous a créés, elle seule sait ce qui est en train de se passer en chacun de nous.

- Durant ce processus, il n'est absolument pas nécessaire d'analyser, de résoudre, de gérer quoi que ce soit, ni de faire face aux problèmes. Partant encore du fait que la divinité a tout créé, il ne nous reste qu'à nous adresser directement à elle pour demander que soit corrigé et purifié tout ce qui a besoin d'être corrigé et purifié.

Prières de Morrnah Simeona[8]

Outre la prière d'ouverture du procédé, Morrnah Simeona nous a laissé d'autres puissantes invocations …

Que cette eau[9] me nettoie, me purifie et me libère
du délit et de l'offense
spirituelle, mentale, matérielle, financière,
dont je suis coupable,
et que je sois libéré de tout esclavage karmique.

Ô, Enfant qui est en moi,
pardonne-moi pour toutes les fautes

8 Réf. : self-i-dentity-through-hooponopono.net

9 L'utilisation d'eau n'est pas nécessaire. Un geste de la main suffit à symboliser sa présence. (N.d.A.)

en pensées, paroles, faits et actions
que j'ai accumulées et que tu as subies
par ces éons de temps,
comme ta Mère, je te pardonne aujourd'hui
pour toutes tes erreurs, peurs, aigreurs,
doutes, fautes et frustrations.
Viens et prends ma main puis, avec respect,
demande au Père, notre *aumakua*,
de s'unir à nous et de prendre nos mains.
En tant qu'unité de deux, demande au Père de s'unir à nous
et de faire de nous trois l'unité d'UN.
Laisse l'amour s'épancher de moi à toi
et de nous au Père.
Laisse le DIVIN CRÉATEUR nous enlacer
dans le cercle de l'AMOUR DIVIN.

Ordre divin, lumière, amour, paix, équilibre,
consens à ce que la sagesse et l'abondance
se manifestent pour nous à travers le pouvoir divin du Père divin,
créateur du TOUT, Vie, Mère, Fils, en UN,
où nous existons en nous-mêmes
et où nous trouvons notre essence…
Maintenant et toujours plus.
Et qu'il en soit ainsi.

Esprit, moi supérieur,
je t'en prie, détermine l'origine de mes sentiments,
l'origine de mes pensées
et remplis le vide de ta pure lumière.

J'invoque la paix de Dieu et l'amour,
le pardon pour moi-même, pour ma perception erronée.
Le pardon pour ce qui en moi,
sous forme de pensée ou de sentiment,
a contribué à la création de toute personne,
de tout lieu, de toute circonstance
et de tout événement problématique.

Que mon être soit analysé à tout niveau,
sous tous ses aspects et jusqu'à l'origine de ceux-ci.
Qu'y soit prospectée chaque couche, chaque superficie.
Et que tout soit corrigé sur la base de la vérité de Dieu.
Que soient rétablis, sur la base de leur provenance,
les accidents de toute nature et leurs retombées,
survenus à travers toutes les générations du temps et de
l'éternité.
Que tout ceci soit accompli selon la volonté de Dieu
pleine de lumière et de vérité.

Que soient repérés
dans les archives de notre mémoire
tous les souvenirs négatifs et les blocages non désirés,
qui causent un problème partagé.

Que soient détachés, dissous et libérés
ces souvenirs et ces énergies non désirés
et qu'ils soient transmués en pure lumière !
Et encore, que les espaces occupés précédemment

par ces énergies, maintenant libres,
soient remplis de Lumière divine.

Je demande humblement pardon pour toutes mes fautes,
rancunes, sentiments de culpabilité, haines, traumatismes,
douleurs, offenses, blocages,
que j'ai créés et accumulés de mes origines à ce jour.
Je t'en prie, pardonne-moi !

6.

Le Dr Ihaleakala Hew Len

Le Dr Ihaleakala Hew Len est le plus fervent disciple de Morrnah Simeona. Il a en effet intensément appliqué et divulgué l'*Identité de soi par Ho'oponopono.* Il a été le tout premier à documenter et à valider, preuves explicites à l'appui, les potentialités de ce procédé. Il a tout d'abord observé ses pouvoirs de guérison sur lui-même et sur sa famille.

En fait, tout part d'un exemple concret. La fille de Len était atteinte d'un zona. Celle-ci subissait cette maladie incurable de la peau depuis plus d'une décennie sans que rien ni personne ne réussisse à y porter remède ou soulagement. C'est lorsqu'il a l'occasion d'observer la technique utilisée par Morrnah Simeona pour soigner sa fille, et de se rendre compte qu'elle la guérit bel et bien, qu'il décide d'approfondir sa méthode. C'est ainsi qu'il devient son élève, alors que sa formation universitaire (il est titulaire d'un diplôme de docteur en médecine délivré par l'Université de l'Iowa) le persuade plutôt de laisser tomber prestidigitateurs et magies... En dépit de ses difficultés à repousser le rationnel pour se laisser aller à la « croyance » – par deux fois, il renonce à poursuivre les cours de la *kahuna Lapa'au* Morrnah Nalamaku Simeona –, il réussit à compléter l'apprentissage de la pratique de l'*Identité de soi par Ho'oponopono*. Ses premières difficultés d'approche et de parcours surmontées, il suit Morrnah jusqu'à sa mort en 1992.

L'observation attentive de l'enseignement et des techniques de Morrnah conduit Hew Len à simplifier et à améliorer ultérieurement le processus de Ho'oponopono. Dès lors, il obtient lui-même des résultats surprenants.

De 1984 à 1987, il travaille en tant que psychologue du personnel de l'Hawaii State Hospital. La suite de cette histoire est très connue. En effet, la plus grande partie des gens a pris connaissance de Ho'oponopono grâce à un article du Dr Joe Vitale qui a vraiment fait fureur sur la Toile, lequel article informait comment Len avait réussi à guérir un service entier d'aliénés en soignant ceux-ci par la « force de la pensée »[10]. Dans cet article, Joe Vitale racontait comment il avait été informé de l'existence et du travail du Dr Ihaleakala Hew Len, comment il l'avait interviewé à la suite de rumeurs qui couraient à propos d'un thérapeute hawaïen qui guérissait tous les patients d'un asile pour criminels au sein d'un hôpital psychiatrique, et ce sans avoir jamais rencontré aucun d'eux, mais simplement en étudiant leurs fiches cliniques.

Convaincu que tout individu est *totalement responsable* de tout ce qui arrive dans son existence, Ihaleakala Hew Len

10 Voir www.ho-oponopono.info (l'article en question est intitulé *Guarisci te stesso*, de Joe Vitale) (site en italien).

procéda alors sur la base de sa propre responsabilité quant à la maladie mentale survenue à ces hommes. À travers la pratique de Ho'oponopono, il effaça en lui-même tous les souvenirs qu'il partageait avec ces malades, lesquels étaient cause du déséquilibre qui les avait conduits à la maladie. En se nettoyant, il a donc en même temps éliminé les éléments malsains qui minaient l'intériorité de ses patients. Voilà comment il les a guéris, en se guérissant en fonction de chacun de ces hommes.

C'est incroyable ? Et pourtant c'est ce qui s'est produit. Ce que Joe Vitale nous raconte dans son article est une histoire vraie, amplement documentée[11]. Lorsqu'il interviewa le Dr Ihaleakala Hew Len, celui-ci expliqua en toute simplicité – à lui et au public –, à travers le récit de son expérience, qu'il n'existe pas de monde réel en dehors de nous, qu'il n'y a rien qui ne se trouve déjà dans l'intériorité de chaque personne. Et qu'en conséquence, pour résoudre tout problème se présentant dans le monde réel, il faut guérir l'esprit. Et que pour ce faire, il est nécessaire de ressentir de l'amour et de le vivre intensément durant chacune de nos actions quotidiennes. Voilà la vérité.

Ce concept d'amour associé au sens de responsabilité, dont chaque homme a besoin pour se dépasser, pour aller au-delà de ses limites, est le fondement de la technique Ho'oponopono que le docteur a fait connaître au monde par l'intermédiaire de Joe Vitale.

En résumé, lorsque le Dr Hew Len soigne un patient, il étudie d'abord son cas particulier très attentivement ; il se

11 Site web : 222.zerolimits.info

concentre sur lui consciemment ; il n'a aucun besoin de le rencontrer physiquement ; il n'a jamais rencontré personne pour cela, car il agit sur lui-même. Il ne fait que rechercher en lui les mémoires qu'il partage avec son patient. Comme il ne lui est pas possible de connaître quelles sont les mémoires spécifiques en question, il s'en remet aveuglément à l'aide du divin. En se préparant simplement à assumer à cent pour cent la responsabilité du problème, il élimine ce qu'il y a d'incorrect en lui-même et dont son patient est le reflet extérieur. L'élimination définitive de ces mémoires partagées élimine le problème, ou la pathologie, qu'elles causaient.

En ce qui concerne la nouvelle incroyable de la guérison des aliénés susdits, voici comment s'est présentée la situation. Dans la réalité, le Dr Hew Len était convaincu de leur « santé mentale », et il était tout autant convaincu de leur « non-santé mentale » à l'intérieur de l'illusion déterminée par les polarités que leurs existences terrestres reflétaient. Lorsqu'il se concentra, dans l'intention de donner libre cours à sa conviction de « santé mentale », il permit à ces patients de se défaire de leur conviction quant à la « maladie mentale » en alignant réalité et illusion, à tel point que ces patients furent autorisés à quitter l'hôpital. Par son action, il a démontré que la « santé mentale » ou la « maladie mentale » n'est pas un état objectif de l'être, mais un état qui relève d'un jugement déterminé par les mémoires, lequel est accueilli, accepté en quelque sorte par les personnes qui les partagent.

Tous les êtres humains « SONT » leur moi supérieur, leur essence profonde, mais ils ont des comportements, des attitudes et des personnalités déterminées par leur ego et par le morcellement causé par les souvenirs des expériences vécues.

Le cas du « malade mental » fait penser que celui-ci a probablement vécu des expériences qui l'ont plus morcelé qu'une personne dite normale. En réalité, nous autres êtres humains, nous sommes tous plus ou moins morcelés et nous pouvons pratiquement affirmer que nous sommes tous un peu fous. Du degré de la « maladie mentale », nous ne pouvons en juger qu'au niveau du morcellement, en d'autres termes au niveau de la séparation d'avec le UN.

Toutefois, le Dr Hew Len a démontré que n'importe quel type de morcellement et de séparation peut être surmonté **grâce à l'intention.**

Au moment où un souvenir (cause d'un problème) est effacé, aussitôt les parties morcelées de la conscience concernées se réunifient et le problème en question cesse à l'instant de se manifester.

Dans la culture hawaïenne, Ho'oponopono, c'est prendre conscience que tout ce qui arrive dans ladite réalité est le reflet de notre manière d'être intérieure. Si la réalité qui nous entoure est déséquilibrée, nous devons recouvrer l'équilibre en nous-mêmes afin de permettre à cette réalité de s'aligner sur le divin.

Une autre histoire que nous avons déjà mentionnée, toujours à propos du Dr Len, laquelle circule largement sur l'internet, se réfère à son premier contact avec la méthode Ho'oponopono. Il en parle dans un article intitulé *Qui est responsable ?*[12].

12 Réf. : www.studisciamanici.it.

C'est le récit de la maladie de sa fillette. Âgée de quelques mois, elle contracte un zona. Après des années de tentatives inutiles auprès de divers centres médicaux, des années de calvaire pour l'enfant et sa famille, il s'adresse à Morrnah Simeona, une concitoyenne, en acceptant en toute confiance la cure qu'elle proposait. C'est ainsi que Ho'oponopono a fait son entrée dans la vie de Len en restituant la sérénité à la créature qu'il aimait le plus au monde.

7.

Les points-clés de la méthode Ho'oponopono

Conditions de base :

- accepter votre responsabilité dans ce qui arrive à 100 % ;
- ne pas utiliser votre rationalité ;
- être disposé à « se laisser aller » ;
- ne pas échafauder d'attentes quant au résultat, sauf à souhaiter le mieux pour tous ;
- se convaincre du fait que chaque problème est une opportunité pour obtenir ce qui est mieux.

Voilà l'essentiel de ce qu'il faut savoir pour pratiquer efficacement cette technologie mentale de nettoyage. Voulant approfondir le discours afin de réussir à rallier notre esprit rationnel qui prétend toujours tout comprendre, voici ce à quoi vous devez tendre.

a) Votre seul but, c'est d'« être » votre « soi » divin.

b) Il faut vraiment que vous arriviez à vous sentir complètement responsable de tout ce qui arrive dans votre réalité, d'en être pleinement conscient.

c) Rappelez-vous que les problèmes ne sont pas quelque part « là dehors » parce qu'un « là dehors » ou un « ici dedans » n'existe pas. Le « là dehors » n'est autre qu'un reflet de l'« ici-dedans ». Nous sommes toujours dans l'attente de résoudre nos problèmes en tâchant de tout changer sauf nous-mêmes. La seule façon que nous avons d'accéder à une vie sereine, c'est de rétablir la paix en nous. Et tout ce qui nous entoure deviendra automatiquement paix.

d) Rappelez-vous que chaque problème trouve son origine dans un souvenir archivé par notre « soi » subconscient, lequel resurgit à toute occasion. Son élimination des mémoires nous redonne la paix.

En gros, la méthodologie Ho'oponopono consiste à agir et à gérer vos rapports avec l'environnement selon les raisonnements suivants :

1. L'univers physique est une réalisation de mes pensées.
2. Si mes pensées sont négatives, celles-ci créent une réalité physique négative.
3. Si mes pensées sont positives, elles créent une réalité physique de parfait amour.
4. Mon univers physique est tel que je l'ai créé, j'en suis responsable à cent pour cent.
5. Mes pensées négatives créent une réalité non désirée, je suis responsable à cent pour cent de leur correction.
6. Rien n'existe en dehors de moi. Tout existe ici, en moi, en tant que pensée dans mon esprit. Ce n'est que dans

un second temps que tout se révèle « là dehors » dans la réalité physique.

7. La nécessité d'assumer mon entière responsabilité en ce qui concerne ma vie est prioritaire. Je dois apprendre à dire « Je suis désolé ; pardonne-moi pour tout ce qui, en moi, a créé cette réalité ».

En somme, vous n'avez qu'à assumer vos responsabilités et à partir de là, vous pardonner et vous aimer inconditionnellement dans un sentiment de profonde gratitude. Puisque le point crucial, ce sont les souvenirs que vous partagez avec autrui, lesquels resurgissent et provoquent vos ennuis, il vous suffit d'en assumer la responsabilité et de demander pardon pour ceux-ci.

La seule intention de le faire est déjà en soi un outil puissant.

Une fois ceux-ci éliminés de vos archives mnésiques, ils seront également annulés chez les autres, du moins dans la mesure où d'autres personnes font partie de votre expérience matérielle.

Cependant, il est essentiel de rappeler que, lorsque vous procédez à ce nettoyage, c'est pour vous-même. Vous êtes ici pour vous sauver, vous, et personne d'autre. Vous êtes ici pour être heureux, vous, et non pas pour rendre heureux les autres.

Mais ce qu'il y a d'extraordinaire dans le procédé Ho'oponopono, c'est qu'en réalité, tout le monde y gagne.

Si vous êtes heureux et serein, vous ne pouvez qu'être entouré de gens heureux et sereins. Votre bien est le bien de l'humanité.

La meilleure forme d'altruisme ? Un égoïsme mesuré !

Enfin, il temps que nous nous rendions compte d'un fait important : que l'intelligence de l'homme n'arrive pas à percer l'essence de la réalité. Il faut accepter cette incapacité et renoncer à savoir. Il y a toutefois une partie de nous qui sait ce qui est mieux pour nous et pour les autres. En effet, si notre ego consent à notre moi supérieur d'agir librement, notre partie divine a tendance à nous conduire à la solution idéale.

En fait, c'est cette disposition qui a été définie « foi » au fil des siècles.

Ce qui n'a jamais été suffisamment clair, c'est que nous devons avoir foi en nous, en notre moi supérieur, et non pas en une divinité abstraite et floue, qui nous est étrangère, distante, dépourvue de sensibilité humaine.

Nous avons été créés à « l'image et à la ressemblance de Dieu » parce que chacun de nous est une partie holographique de Dieu.

Rappelez-vous :

Effacez vos mémoires avec Ho'oponopono ! Tout et autrui ne sont que mémoires.

Parfois vous vivez des expériences bouleversantes, des moments de peur, d'anxiété. Vous pouvez nettoyer ces mémoires. Vous pouvez les laisser s'en aller, sachant que ce ne sont que des souvenirs. En vous jouant d'elles.

La paix sera en vous lorsque vous prendrez vos responsabilité à cent pour cent.

Vous aimer est la meilleure façon de vous améliorer et d'améliorer le monde par la même occasion.

Quel merveilleux pouvoir vous avez entre les mains !

Lorsque vous réussissez vraiment à comprendre que vous êtes en train de créer chaque parcelle de votre existence, de la plus petite molécule jusqu'au gratte-ciel le plus haut, de l'amour le plus merveilleux à la haine la plus obsédante, alors vous réalisez que vous pouvez changer chacune de ces choses puisque vous êtes le responsable de leur réalité. Vous pouvez le faire tout simplement en témoignant votre gratitude à toutes les choses qui rendent votre vie heureuse, à celles que vous aimeriez recevoir plus souvent et en plus grand nombre.

Vous pouvez le faire aussi en demandant pardon à toutes celles que vous voudriez chasser ou voir diminuer. Tout le bien, tout le mal, et tout ce qui se trouve entre ces deux limites, c'est votre création.

Apprendre à exprimer votre gratitude et développer votre capacité de pardonner, avec la méthode Ho'oponopono, c'est possible.

Dès le début du « nettoyage », vous serez vraiment en mesure d'apprécier la vie d'une tout autre manière.

Pensez souvent ceci :

- l'univers physique est une réalisation de mes pensées ;
- si mes pensées sont négatives, elles créent une réalité physique négative ;

- si mes pensées sont parfaites, elles créent une réalité physique de parfait amour ;
- je suis responsable à cent pour cent de la création de mon univers physique tel qu'il est ;
- je suis responsable à cent pour cent de la correction de mes pensées négatives qui créent une réalité non désirée ;
- rien n'existe au-dehors de moi. Tout existe ici en moi, en tant que pensée dans mon esprit.

Je suis désolé ; pardonne-moi ; merci ; je t'aime.
Je suis ma source de bien-être.
Je suis désolé ; pardonne-moi ; merci ; je t'aime.
Je suis la source de laquelle jaillit mon bien-être.
Je suis désolé ; pardonne-moi ; merci ; je t'aime.
Je suis l'extension de la source du bien-être universel.
Je suis désolé ; pardonne-moi ; merci ; je t'aime.
Je suis tout UN avec la source du bien-être universel.
Je suis désolé ; pardonne-moi ; merci ; je t'aime.
En moi coule librement tout le bien-être.
Merci, je t'aime.
Je me sens bien.
Merci, je t'aime.
Je suis plein d'amour.
Merci, je t'aime.
Je suis le bien-être.
Je suis désolé ; pardonne-moi ; merci ; je t'aime.
Je suis joie, pardon, amour et gratitude.
Merci ; je t'aime ; je suis désolé ; pardonne-moi.
Je suis pardon, gratitude, joie et amour.
Je t'aime ; je suis désolé ; pardonne-moi ; merci.
Je suis gratitude, amour, joie et pardon.
Pardonne-moi ; je suis désolé ; merci ; je t'aime.
Je suis amour, pardon, joie et gratitude.
Je suis désolé ; je t'aime ; pardonne-moi ; merci.
Et qu'il en soit ainsi !

Je cherche la paix en moi
et lorsque je l'aurai trouvée,
toute ma réalité
sera en paix

8.

La finalité de la vie incarnée

Notre finalité, celle à laquelle tend l'individu incarné sur Terre, donc en tant qu'être humain, c'est d'atteindre l'identité de soi justement par Ho'oponopono.

Chacun de nous est en soi l'élément précieux de l'unicité de son âme. Consciemment ou inconsciemment, nous influons tout ce qui nous concerne à travers nos pensées, nos paroles et nos actes.

L'*Identité de soi par Ho'oponopono* – processus qui dissout les énergies toxiques qui sont en nous – se conquiert à travers la libre intervention de pensées, paroles et actions divines.

Sans la conscience d'être responsables à 100 % des causes du problème qui nous assaille, pas de solution efficace. Cela revient à dire qu'il faut avant toute chose prendre conscience du problème en soi.

Nous devons apprendre à nous voir comme la source du problème.

Toute situation est déterminée par des pensées, des sentiments, des émotions non correctes, nuisibles, qui persistent en chacun de nous. Si nous nous trouvons confrontés à un ennui quelconque, c'est parce que nous partageons ces pensées, ces émotions non correctes avec le protagoniste de cet ennui ! Raison pour laquelle il n'est pas important de comprendre ce qu'il y a de mauvais chez les autres, mais de nous prodiguer à corriger ce qu'il y a de mauvais en nous-mêmes.

Nous ne pouvons interférer que sur nous-mêmes, mais ce pouvoir que nous avons est énorme.

Nous avons toujours l'impression que l'origine d'expériences ou de situations désagréables dans lesquelles nous tombons est hors de nous. Pourtant dès qu'on analyse ce point de vue, dès qu'on approfondit ces expériences ou ces situations, on voit qu'il est impossible qu'il en soit ainsi. Car tout ce que nous percevons n'est autre que le miroir de notre intériorité.

Avec Ho'oponopono, nous mettons à exécution un imposant processus de repentir, de pardon et de gratitude, en donnant le départ à la transmutation, en effaçant toutes nos convictions erronées. Qui nous concernent, qui concernent notre vie en général. Nous sommes ici pour être heureux.

Or, **le bonheur ne dérive que de l'amour** ! C'est à partir de l'amour que tout nous est donné. Et c'est si clair qu'il n'y a rien à ajouter ! Et pourtant, on persiste à vouloir approfondir cet aspect.

Bien. Soulignons d'abord que la culture hawaïenne personnifie le divin dans le non-jugement et que nous existons pour être notre « soi » divin, notre moi supérieur.

Ajoutons que l'existence est un don de la divine intelligence. Et que ce cadeau nous est donné dans le seul but de rétablir l'identité de soi à travers la résolution des problèmes.

La dernière *kahuna* Morrnah Simeona, la fondatrice de l'*Identité de soi par Ho'oponopono* disait :

> « *Nous ne sommes ici que pour apporter la paix dans notre vie, et si nous apportons la paix dans notre vie, toute chose de notre environnement trouve la place qui lui revient, son rythme et sa paix.* »

Voilà, cette phrase résume bien l'entière méthode Ho'oponopono. Elle fait office d'emblème en quelque sorte.

Celia Fen est une sensitive, un *channeler* qui reçoit et transmet des messages des Êtres de Lumière. Elle travaille avec l'archange Michaël. Voici ce qu'elle a publié en décembre 2009.

> « *Le but de l'amour, c'est l'amour… et la passion.* »

> « *Dans la culture occidentale, tandis que nous procédons au nettoyage de vieux systèmes de croyances, nous sommes encore occupés à lutter contre les derniers vestiges de l'énergie catholique-chrétienne.* »

> « *La croyance protestante (sur laquelle nous travaillons ici) et la croyance catholique nous veulent nés pour remplir une mission, laquelle serait donc la finalité de*

notre existence. Ceci nous éloigne considérablement de la conception hawaïenne (et pas seulement) qui nous voit en transit sur cette Terre avec notre corps physique, dans le seul but de retrouver notre véritable essence afin d'être heureux définitivement. »

« Si nous nous débarrassons de ces distorsions, nous prenons conscience que nous sommes ici pour expérimenter et exprimer de l'amour et pour continuer à grandir en répandant notre capacité d'Être amour. »

« Sommes-nous capables d'accepter que notre unique objectif dans ce monde soit celui d'expérimenter et d'exprimer de l'amour ? Réussissons-nous à croire que nous méritons l'amour et que notre amour soit bien accueilli et apprécié ? Si oui, nous comprenons enfin que cette acceptation constitue le point zéro de toute relation[13]. »

L'*Identité de soi par Ho'oponopono*, qui ouvre la voie vers une plus grande compréhension et une profonde conscience de la vie, est la finalité à laquelle chacun de nous aspire en tant qu'individu incarné sur Terre et en tant qu'être humain.

---

13 Traduction du texte italien de Celia Clen publié le 11 décembre 2009 sur son site : www.stazioneceleste.it. (N.d.T.)

Nous sommes des êtres immortels…

Roy Eugene Davis est adepte et enseignant indépendant du kriya yoga. Voici ce qu'il écrit à ce propos.

> « *Vivre avec grâce, c'est vivre dans le flux tranquille d'actions appropriées, habilement achevées, qui améliorent notre vie et celle d'autrui et qui permettent à nos qualités divines d'émerger progressivement.*
>
> *Tant que vous demeurez dans cette dimension ou dans une autre quelle qu'elle soit, il y aura toujours des connaissances à acquérir, des choses à apprendre et de nouvelles opportunités pour établir un lien de façon créative et efficace avec les événements et les circonstances qui se manifestent.*
>
> *Sachez que vous êtes une créature immortelle. Pensez et agissez donc en conséquence, au lieu de penser et d'agir comme si votre incarnation actuelle, d'une durée de quelques décennies, représentait votre fin.*
>
> *Indépendamment du fait que vous soyez jeune, adulte ou âgé, prenez la résolution de mettre en pratique vos qualités divines, maintenant que vous avez l'opportunité de le faire. Il n'est jamais ni trop tôt ni trop tard pour vous efforcer d'être tout ce que vous pouvez être. Si vous êtes encore jeune, ne gâchez pas votre temps et vos énergies en efforts inutiles. Si vous êtes plus âgé, évitez de ressasser qu'il ne vous reste pas*

assez de temps dans cette existence incarnée pour arriver à être spirituellement éclairé.

Indépendamment de votre âge biologique ou du nombre des années, et des circonstances existantes dans votre vie, vous pouvez maintenant choisir de laisser de côté toutes les croyances erronées et de vous positionner immédiatement bien au-delà des conditionnements qui vous ont entravé jusque-là.

Pour ce faire, il est suffisant d'adopter un point de vue vous permettant de reconnaître et d'accepter sans peine la vérité sur ce que vous êtes en tant qu'être spirituel parfait et unité individualisée de la suprême réalité, communément dénommée "Dieu". Quand ceci sera accompli, vous ne vous considérerez plus comme une pure créature mortelle et vous ne sentirez plus (ou ne croirez plus) que Dieu est quelque chose de différent de ce qu'il est.

Quand, à travers la pratique, vous aurez stabilisé la réalisation de votre identité et celle de Dieu, même si vous aurez encore à accomplir vos devoirs et à être responsable de vos circonstances, vous serez en mesure de faire aisément ce qui est nécessaire, et votre conscience illuminée contribuera au bien-être spirituel de tous, dans cette dimension comme dans d'autres dimensions. »

Le **vide** est le fondement de l'identité de soi, de l'esprit, du cosmos.

C'est l'état précurseur dans lequel l'inspiration de la divine intelligence influe sur l'esprit subconscient.

C'est un point de départ, celui où chaque individu entame son chemin lors de sa naissance. Et c'est ce qui va demeurer en nous à chaque fois que nous effacerons un souvenir. Un vide, un espace vide qui peut être rempli de la **pure lumière de l'inspiration** !

Nous tous vivons immergés dans les trois dimensions de notre vie matérielle, avec les vicissitudes du travail, des études, de l'alimentation, des relations, de la manifestation de divers sentiments, avec notre vagabondage sur les sentiers de notre existence, avec toutes nos espérances en une sphère surhumaine dont l'intervention pourrait nous améliorer et nous guider dans cette vie que nous considérons souvent difficile.

Sortir de cette vision des choses et permettre à notre conscience d'apprendre à maîtriser son grand pouvoir afin de réaliser nos pensées dans la réalité physique, c'est le pas que nous franchissons lorsque, selon le critère Ho'oponopono, nous sommes **mus par la ferme intention de guérir notre enfant intérieur.** En le délivrant de toutes les mémoires-obstacles susdites (à travers l'intervention du divin qui fait partie de notre être), nous pourrons accéder, lui et nous avec lui, à notre véritable essence pour être vraiment libres dans cette vie terrestre.

En tant qu'âme, vous êtes une personne précieuse. Consciemment ou non, vos pensées, vos paroles et vos actes influent sur tout ce qui vous concerne. Vous déterminez donc l'action de l'Univers entier.

> *« Le processus Ho'oponopono n'a besoin que d'une seule personne.*
> *La paix commence à partir de moi et de personne d'autre. »*
> (Dr Hew Len)

Pensez ceci :

Je n'ai absolument pas besoin d'aide. De personne. Ma personne suffit à rétablir l'ordre dans tout ce qui ne va pas. De ce point de vue, je suis indispensable.

Nous devons accepter définitivement ce concept : que l'esprit est parfait et que c'est une réalité. Ce qui ne l'est pas, ce sont les données que nous avons reçues et nos croyances. Et c'est sur quoi nous travaillons avec Ho'oponopono. Nous sommes en train d'effacer les mémoires imparfaites que nous partageons avec d'autres personnes.

Là est notre devoir. Revenir à notre état originaire de vide, de zéro limite comme Joe Vitale se plaît à le définir.

L'*Identité de soi par Ho'oponopono* est un processus qui vise à chasser les énergies toxiques qui sont en nous, et à laisser les pensées divines de nos discours et nos actions agir à notre place. Ce procédé hawaïen de nettoyage spirituel, mental et physique, et de redécouverte de l'identité de soi, de par sa nature sacrée nous ouvre à une conscience et une compréhension profondes de la vie ainsi que de notre devoir en tant qu'individu incarné sur cette Terre, membre de l'humanité.

Pensez ceci :

Je cherche la paix en moi et lorsque je l'aurai trouvée, toute ma réalité sera en paix.

Durant notre passage dans cette dimension terrestre, notre mission est de nous « nettoyer » le plus possible, car l'état de vide est la situation la plus propice pour accéder au divin. Sans aucune croyance réductrice, sans blocage mental, nous sommes prêts à emmagasiner la pure lumière de l'inspiration. Le vide est optimal pour entrer dans le pur amour béatifiant, pour révéler le royaume de Dieu sur Terre. Voilà quelle est notre seule et unique mission.

Il n'y a aucune autre finalité supérieure si ce n'est l'amour. Certes, exprimer de l'amour varie avec les personnes… certaines instaurent des unions, un compagnonnage spirituel, une relation personnelle et professionnelle heureuse, et sont capables d'équilibrer vie privée et travail. Mais malheureusement, la plupart des unions n'obtiennent pas le succès espéré, mais procurent stress, chagrin, insatisfaction, frustration et sentiment de manque.

Ho'oponopono nous aide à nous libérer du besoin d'exprimer les préjugés de notre ego et à n'être que tout amour.

Pur amour, celui qui n'émet aucun jugement

Ho'oponopono est l'outil qui nous permet de surmonter tous les obstacles qui s'interposent entre nous et notre bonheur.

Alors, pour atteindre cet objectif, il est indispensable de bien nous connaître et d'apprendre à nous aimer plus profondément. Ce n'est qu'après cet acquis que nous pourrons vraiment être capables d'aimer et de partager notre vie avec une autre personne. Ce n'est qu'après cet acquis que nous pourrons discerner consciemment quelles sont nos limites et quels sont nos besoins et nos désirs.

Au moment où l'on fusionne, où l'on se fond avec une autre personne, ne pas avoir un fort sentiment de soi (attention, il ne s'agit pas du sentiment égocentrique) pourrait avoir de lourdes conséquences. Nous pourrions bien être phagocytés par l'énergie de notre partenaire, ce qui bloquerait l'expansion de notre essence comme de la sienne, et par suite le développement de notre amour. Voilà pourquoi il arrive que l'objectif premier de l'amour – être soi et faire en sorte de renforcer cet état – ne peut être atteint.

Agissez comme si vous étiez l'amour…

« Voilà, le Royaume de Dieu est en vous… » (Luc 17:21)

Si nous voulons révéler le royaume de Dieu sur Terre et dans notre vie, nous devons regarder en nous. C'est un travail d'introspection qui requiert un engagement total, constance et application.

Tout notre discours n'a vraiment pas grand-chose à voir avec la baguette magique de Harry Potter ou avec la lampe d'Aladin. Ho'oponopono n'est pas de la famille de la fée bleue de Pinocchio.

Voici ce que conseille Roy Eugène Davis :

> *« La réalité communément définie sous l'appellation de Dieu est toujours présente où que vous vous trouviez. Évitez de penser que vous n'êtes pas digne d'expérimenter un sentiment de communion avec Dieu. Sinon, vous entretenez cette fausse idée : que Dieu est une personne cosmique qui exige que vous la satisfassiez avant de se présenter à vous. »*
>
> *Méditez ou priez, jusqu'à ce que vous vous sentiez en paix, puis demeurez patiemment dans un état de silence. Éliminez ou transcendez les idées que vous avez sur Dieu et sur votre rapport avec Lui. Savoir ce que Dieu est, être conscient de demeurer toujours en Lui, est plus utile que de ressentir sa présence. »*

Pour ce faire, utilisez les outils aptes à vous aider à voir clair en vous. L'introspection, la méditation, l'écoute de votre véritable essence vont vous permettre d'entrer en contact avec votre moi supérieur, qui est votre seul guide. Si vous vous appliquez à réaliser un alignement durable entre votre subconscient, votre ego et votre moi supérieur, celui-ci pourra vous prendre par la main et vous guider – à partir et en tenant toujours compte de vos capacités personnelles. Il existe là, en vous où il vous attend, rien que pour suivre votre cheminement vers ce que vous désirez, vers cette destination qui vous permettra de passer une existence terrestre dans un état de bonheur durable.

Au cours des siècles, une multitude de cultures et de philosophies se sont développées sur cette Terre, lesquelles sont basées sur des conceptions du divin des plus variées. Que nous décidions de l'appeler « divinité », « bouddha », « Esprit saint » ou « conscience du Christ importe peu. Toutefois, cela met en évidence la diversité des individus, combien chacun de nous a ses propres exigences spirituelles et ses propres interprétations. Il est donc clair qu'il n'existe aucune personne, aucune culture, possédant la connaissance de la vérité absolue, et que bien évidemment la vérité absolue elle-même n'existe pas, du moins en ce qui concerne la capacité de compréhension humaine.

Voyons encore ce que dit Roy Eugène Davis :

> *« Que l'existence humaine ordinaire soit douloureuse est un fait à accepter. Dès leur naissance, les personnes se meuvent à travers une série d'événements durant des décennies, puis meurent sans avoir connu ni leur nature ni leur rapport avec l'infini, ni la raison pour laquelle elles se sont trouvées là.*
>
> *Lorsque les personnes sont plus conscientes, elles sont inspirées, plus motivées à atteindre leur destin spirituel, c'est-à-dire à être pleinement éveillées et libres, car elles ont regardé et vu et sont allées au-delà des idées erronées et des illusions. Quand l'impulsion d'être conscient spirituellement, innée en chaque âme, devient plus pressante, l'aspiration à être conscient de soi et de Dieu prend une telle ferveur que discipliner l'esprit, choisir des comportements constructifs et acquérir la connaissance des réalités les plus élevées devient simple. Quand esprit et conscience sont illuminés, la complétude de la vie et de ses processus ordonnés se perçoit sans interférences. »*

C'est une question de rhétorique toute simple : « Lorsque l'homme appelle Dieu sous un autre nom, est-ce que cette autre dénomination change Dieu ou l'homme ? »

Bouddha dit ...

« Ne retiens rien pour vrai simplement par ouï-dire. Peu importe où tu l'as lu, qui l'a dit, même si c'est moi, sauf si c'est en harmonie avec ta raison et ton bon sens.

Ne crois pas aux traditions, car elles ont été transmises par trop de générations.

Ne crois pas en quelque chose uniquement parce que tu en entends parler ou parce que c'est ce qu'affirme une immense majorité d'hommes.

Ne crois pas en quelque chose, uniquement parce que c'est écrit dans tes livres de religion.

Ne crois pas en quelque chose, uniquement parce que c'est qu'affirment tes professeurs ou des personnes plus âgées.

Mais si après une observation et une analyse personnelle,
tu découvres que c'est en accord avec ta raison,
et que c'est favorable au bien de tous,
alors accepte la chose et vit à travers elle. »

Je suis dans l'amour et dans la lumière de l'UN infini.
Pardonne-moi ; je suis désolé ; merci ; je t'aime.
Je suis heureux dans le pouvoir
et dans la paix de l'UN infini.
Pardonne-moi ; je suis désolé ; merci ; je t'aime.
Je suis l'amour et la lumière,
je suis le pouvoir et la paix.
Pardonne-moi ; je suis désolé ; merci ; je t'aime.
Je suis l'UN infini.
Pardonne-moi ; je suis désolé ; merci ; je t'aime.
Et qu'il en soit ainsi !

9.

100 % responsable

Être responsable à 100 % signifie simplement reconnaître votre véritable essence et être conscient qu'il n'existe aucune distance physique entre vous et les autres habitants de notre planète, car la Terre n'existe que dans votre cœur et que là est la clé de votre énorme pouvoir intérieur.

Pensez ceci :
Cette prise de conscience est à la base de mes possibilités de résoudre tout ce qui se passe autour de moi. En conséquence, si mes pensées ont pu contribuer aux désastres de la planète, mes pensées peuvent sans aucun doute contribuer à y remédier. Il en est de même pour toute situation que je perçois.

Le Dr Hew Len aurait déclaré ceci[14] :

> *« Accepter d'être responsable à 100 % est une voie difficile à parcourir, parce que l'intellect peine à s'y adapter. Quand un problème surgit, notre ego cherche toujours à décharger notre faute sur quelqu'un ou quelque chose.*

14 Texte tiré d'une interview de Saul Maraney à Mabel Katz.

Ce faisant, nous continuons à chercher hors de nous l'origine de nos problèmes. Nous avons vraiment beaucoup de peine à accepter que l'origine des problèmes soit toujours en nous. »

Les problèmes ne sont pas hors de nous, mais c'est en dehors de nous que nous cherchons sans discontinuer leurs solutions.

En réalité, ce qui nous apparaît sous forme de problème, nous pouvons le résoudre à condition d'en accepter la responsabilité à 100 % et d'aller à la recherche de solutions dans notre intériorité, là où tous les problèmes ont leur véritable origine.

Le concept à la base d'un tel processus, c'est que chacun de nous est responsable de tout ce qui lui arrive, car tout ce qui est réel naît en chacun de nous pour s'extérioriser. Ce n'est pas le concept inverse comme l'on pense d'ordinaire.

Se reconnaître responsable ne signifie pas se sentir coupable, c'est tout simplement admettre qu'une partie de nous se loge **dans tout ce qui existe.** Et ça, c'est incroyablement enthousiasmant, puisque grâce à chacun de nous, toutes les réalités, y compris notre planète, peuvent être améliorées.

Pensez ceci :
Ma responsabilité totale et absolue quant à tout ce qui se passe dans ma vie est claire. Ce qui m'arrive dans le monde réel est l'exact reflet de ce qui se passe en moi, dans mon esprit conscient comme dans mon subconscient. Aucun événement faisant partie de ma vie ne peut être conditionné par des contingences

qui me sont extérieures sans que je ne le permette à un niveau quelconque de ma sphère spirituelle. Je sais que ce n'est pas un concept facile à assimiler, du fait qu'il soutient pratiquement que chacun de nous est responsable de **tout, mais vraiment de tout** ce qui fait partie de notre vie. Y compris de l'effondrement des tours jumelles du World Trade Center ou de la guerre en Bosnie ! Une responsabilité à 360 degrés ! Je sais que je ne fais qu'UN avec toutes les choses, que tout part de moi, que je crée tout ! Et tout ce qui fait partie de mon existence est ainsi parce qu'à un certain niveau de mon moi, je permets qu'il en soit ainsi !

Ceci constitue le tronc de la technique Ho'oponopono qui prend ses racines dans la culture Huna et dont l'*Identité de soi par Ho'oponopono* en est la branche maîtresse.

Examinés sous cet angle, les concepts **de pardon et de compassion** par Ho'oponopono s'en trouvent renversés. Si nous sommes responsables de tout ce qui nous arrive, nous n'avons personne à pardonner pour ce qu'il y a de mauvais dans notre vie. Sinon nous-mêmes.

Une fois vraiment conscients de cela, des sentiments tels que colère, rancune, intolérance, hargne ou amertume n'ont plus de raison d'être.

Pensez ceci :
L'unique personne à pardonner pour tous les embêtements et toutes les disgrâces qui me sont arrivés, qui m'arrivent et pourraient m'arriver, c'est moi… toujours moi et rien que moi. Et

je suis toujours, dans une certaine mesure, également le responsable de ce qui arrive à tous ceux qui font partie de mon entourage. En contrepartie, c'est moi… toujours moi et rien que moi, l'unique responsable de tout ce qu'il y a de beau dans mon existence !

Quand nous réussissons à voir le monde de ce point de vue, il nous est impossible de regarder une personne et d'émettre un jugement ou des opinions quant à sa classe sociale, son origine, sa manière de s'exprimer, son travail, ses convictions, etc. Cette personne, cet être, c'est Dieu personnifié qui s'est révélé sous cette forme, avec telle ou telle limite et dans tel ou tel contexte, riche ou pauvre, quel qu'il soit.

N'oublions jamais que nos réactions (critiques ou jugements) aux façons d'agir d'une personne sont des comportements qui existent déjà en nous. Ce sont les mémoires, les énergies que nous partageons avec celle-ci qui provoquent ses comportements comme nos réactions. Tout rejaillit dans notre vie comme un éclat de quelque chose qui se trouve dans notre intériorité.

Voici une autre affirmation du Dr Hew Len :

> « *Lorsque nous utilisons la méthode Ho'oponopono, nous réajustons tout ce qui nous entoure en replaçant toutes les choses dans leur ordre naturel. Si nous sommes capables d'accepter notre responsabilité à 100 % en toute sérénité et harmonie, tout s'alignera de façon parfaite, avec notre* "soi" *et avec la divinité*[15]. »

15 Réf. : www.whatishooponopono.com.

Le concept de **responsabilité totale** remet entre nos mains le **pouvoir absolu** de changer notre vie et le monde. Oui, ce pouvoir que nous persistons à tenir éloigné de nous avec maintes lamentations, en nous déclarant victimes des événements tout en culpabilisant autrui. Ah ! les autres, ces grands responsables de nos maux et des leurs !

Dès l'instant où nous assumons notre responsabilité, le plus difficile est fait. L'acceptation de la responsabilité de la réalité associée à l'intention du changement efface les erreurs. Pouvoir créer tout ce qui existe, c'est aussi pouvoir tout changer. Voilà justement ce qu'il nous faut comprendre et accepter définitivement afin de nous répéter sereinement « **quel être merveilleux et puissant je suis** ! ».

MERCI ; PARDONNE-MOI ; JE SUIS DÉSOLÉ ; JE T'AIME.

La source d'amour se déverse en moi
comme dans un canal.
Puis se propage, et son flux me traverse,
envahit chaque partie de mon corps
et de mon âme,
inonde d'amour chaque cellule,
chaque organe,
chaque partie physique de mon être.
Il pénètre mon esprit et mon essence
et m'abreuve de gratitude.
Je suis tout amour, joie et gratitude.
Merci ; je t'aime.
Et qu'il en soit ainsi.

10.

Les mémoires partagées

Savez-vous ce qui se passe lorsque l'un de vos amis vient vous trouver ? Il pénètre dans votre vie au moment même où il vous fait part de ses déboires. Qu'il vous raconte que sa santé n'est pas bonne, que sa fiancée l'a quitté à l'improviste et sans raison, qu'il a perdu son travail, qu'il n'arrive plus à honorer les mensualités de son prêt bancaire, ou qu'il s'est simplement disputé avec sa mère, il construit un partage de mémoires, celles qu'il est en train de vous confier, lesquelles vous unissent d'ores et déjà. C'est une façon de chercher à surmonter ses problèmes.

Eh bien vous le savez, la seule manière pour qu'il les surmonte définitivement, c'est que vous admettiez en être responsable et que vous nettoyiez vous-même ces mémoires que vous venez de partager avec lui. Il en va de même lorsque vous absorbez les mauvaises nouvelles données au journal télévisé, et lorsque vous venez à la connaissance de quelque manière que ce soit d'un fait ou d'un événement qui déstabilise votre paix intérieure.

Tous vos souvenirs, immanquablement tous, prennent place dans votre inconscient (votre enfant intérieur). Si des personnes s'introduisent dans votre vie, c'est parce qu'elles sont attirées par des mémoires qui vous lient, lesquelles sont, sachez-le, à la base de vos relations même si vous n'en êtes pas conscient. Certains liens sont éphémères et se dissolvent facilement, mais d'autres sont enracinés dans votre subconscient à cause d'un cumul de mémoires communes qui les rend plus résistants.

L'un des aspects vraiment magiques de la méthode Ho'oponopono réside dans le fait que nos problèmes peuvent être résolus sans connaître ce qui les a engendrés. Et puisque les résoudre fait partie de la finalité de notre existence terrestre, l'*Identité de soi par Ho'oponopono* est directement concernée et arrive à point nommé pour nous aider à « être » notre véritable essence, notre moi supérieur, dans ce monde.

Le subconscient et l'ego n'engendrent ni idées personnelles, ni pensées, ni sentiments ni actions de manière autonome. Toute leur activité dérive indirectement de nos mémoires récurrentes ou de nos intuitions.

Notre ego n'engendre pas d'expériences de sa propre initiative, mais voit ce que voient les mémoires, il ressent ce que ressentent les mémoires, se conduit comme se conduisent les mémoires et décide ce que les mémoires lui dictent. Ne pas l'oublier est fondamental. Toutefois, il peut lui arriver – bien que ce soit très rare – de voir, de ressentir, de se comporter et de décider selon ce que notre intuition (ou une inspiration) lui suggère de faire, à condition que nous soyons bien « nettoyés et alignés ».

On ne peut rien résoudre tant que l'on ne focalise pas notre attention sur le fait que les problèmes réels ne sont que les effets et les conséquences des mémoires récurrentes présentes dans notre subconscient.

Le Dr Hew Len soutient que l'esprit conscient ne comprend jamais les choses telles qu'elles sont vraiment. Notre ego détient un modèle de fonctionnement des choses et ne se réfère qu'à celui-ci, même si ce qui se passe réellement est tout autre ; car il n'est pas en mesure d'établir des rapports subjectifs en parallèle. On peut dire que si l'esprit conscient savait vraiment ce qui se passe, les problèmes ne se poseraient pas.

Voici la pensée du Dr Hew Len à ce sujet :

> « *Les décisions sont prises à notre place par nos mémoires avant même que nous prenions la décision de décider quoi que ce soit, parce qu'il existe des millions de croyances dont nous ne sommes pas conscients dans nos esprits inconscients.*
>
> *Ce sont ces mémoires qui décident pour nous. Et puisque nous n'en sommes pas conscients, nous devons nous adresser à la divinité, laquelle est en revanche parfaitement consciente de tout. Seul le divin est en mesure de les effacer.* »

On a souvent tendance à réciter les phrases de la méthode Ho'oponopono dans le but de refouler les souvenirs. Sans doute parce que nous pensons que tout retour d'un souvenir peut nous compliquer la vie, ou que nous éprouvons un sentiment de culpabilité pour avoir conservé ces souvenirs.

Mais le but de Ho'oponopono n'est pas de combattre les souvenirs ou de les interdire… bien au contraire ! Quoique l'objectif soit d'effacer les mémoires, il est important de clarifier que le souvenir ne représente pas quelque chose d'affreux que nous devons éviter à tout prix, un ennemi quotidien qui nous cause une souffrance qui s'installe dans notre esprit. Non. En réalité, il représente l'unique possibilité que nous avons de nettoyer notre esprit. Pour autant qu'il soit désagréable ou cause d'énormes problèmes, le souvenir est une source d'opportunités et reste donc de toute façon notre ami.

Quant à la mémoire, il faut la considérer comme notre alliée dans le processus de transmutation de Ho'oponopono, comme un instrument que la source divine a mis sur notre chemin afin que nous parvenions à la connaissance et que nous apprenions à transformer le plomb en or. Mais aussi afin que nous puissions expérimenter la perfection de la dualité. En effet, notre réalité matérielle est duale : ni bonne ni mauvaise, ni juste ni incorrecte, ni sombre ni claire. En conséquence de quoi, nos souvenirs ne sont objectivement ni beaux ni laids, ni bons ni méchants, ni heureux ni douloureux.

La réalité ne se qualifie pas objectivement. C'est l'individu qui la qualifie ; et tout dépend de ses modalités de perception, de son point de vue, de son attitude mentale.

Au cours de la pratique Ho'oponopono, nous effaçons les mémoires dans notre esprit inconscient en expliquant au divin : « Je ne sais pas pourquoi je suis en train de vivre cette situation, mais étant donné que j'ai un problème en commun avec telle et telle personne, j'aimerais bien l'éliminer. »

Nous encombrons notre esprit de notions qui malheureusement sont éloignées de toute sagesse. Engorgés comme nous sommes jusqu'à obturation de ces notions-souvenirs récurrentes, celles-ci nous empêchent de nous connecter à notre partie divine (notre moi supérieur) à travers notre moi conscient. Pour ce faire, nous avons besoin d'être centrés, d'aligner nos trois « soi » en tant que trois parties indissolublement connectées au TOUT.

Les choses ou les personnes qui se révèlent dans notre vie (ou qui en font partie) n'arrivent pas par hasard, le hasard n'existe pas. Elles sont mues par un dessein plus profond, lié aux archives de notre subconscient et de celui de ces personnes.

Mais alors, pourquoi malgré l'utilisation constante de la méthode Ho'oponopono, problèmes et difficultés persistent-ils à se manifester ?

Tenant compte de la masse incommensurable de mémoires archivées dans notre subconscient, on pourrait aller jusqu'à dire qu'une vie entière pourrait bien être insuffisante pour effectuer un nettoyage intégral. Avons-nous toujours les mêmes problèmes ? Pas exactement. Ce sont ces mémoires qui sont vraiment trop nombreuses, dont chaque souvenir peut provoquer une infinité de problèmes analogues au problème originaire.

Il faut aussi tenir compte que, si nous ne procédons pas à un nettoyage quotidien, avec constance, chaque jour des milliers de mémoires et de faits vont finir dans les archives de notre subconscient et continuent à s'y accumuler.

Parfois, nos désagréments semblent répétitifs, toujours identiques. Ce n'est qu'une impression, car en réalité il n'en est rien. Les modalités de la mise aux archives d'un souvenir par le subconscient lui étant propres, un problème n'est jamais vraiment égal à un autre.

Lorsque nous pratiquons Ho'oponopono, et que, face à la manifestation d'un problème, nous prononçons ces mots : « Je le sais, pardonne-moi pour la partie en moi qui a engendré ceci », sachons et soyons conscients que nous les adressons à nous-mêmes, à notre partie divine, à notre superconscience, et non pas à quelqu'un d'autre ou à quelque chose qui nous est extérieur.

C'est un dialogue intérieur de moi à moi.

Ce qui compte, c'est que nous sommes en train d'apprendre à nous rapporter à notre esprit inconscient. Car c'est lui le responsable de nos mémoires, c'est lui qui les reçoit et les emmagasine. C'est cet enfant intérieur que nous devons apprendre à aimer, en lui demandant pardon pour le manque de considération, et donc de communication, que nous avons manifesté jusqu'à présent à son égard.

Hew Len écrit…

> *« Avec Ho'oponopono, le seul fait de se positionner en tant qu'observateur permet d'éliminer les mauvaises mémoires que nous partageons avec d'autres personnes, lesquelles sont causes de nos problèmes*[16]. »

En ce qui le concerne, il confie que lorsque quelqu'un se comporte mal envers lui, il évalue ce comportement en sachant pertinemment que les croyances en sont responsables. Si cer-

16 Réf.: www.whatishooponopono.com.

tains comportements négatifs sont perpétrés à son égard, cela signifie qu'il a lui aussi des croyances à éliminer. En outre, il pense que l'apparition dans sa vie de ces personnes négatives n'est autre qu'une opportunité d'élévation spirituelle.

Lors d'une interview accordée à Saul Maraney, Hew Len déclara que la méthode Ho'oponopono enseigne, entre autres, à éviter tout comportement envahissant, à ne pas nous mêler de ce qui ne nous regarde pas, à ne pas nous entremettre dans l'existence d'autrui en suggérant des conseils déplacés.

Quand nous percevons notre prochain comme un problème, la meilleure chose à faire, c'est de se demander : « Qu'est-ce qui se passe en moi pour que je voie les choses de cette façon... » Et commencer à nettoyer, nettoyer, nettoyer...

Tenter d'aider les gens à travers un dialogue ne sert à rien ou ne résout pas grand-chose. Disons que cela fait office d'analgésique, que cela peut atténuer le mal-être, sans toutefois l'éliminer.

Hew Len écrit...

> *« Si quelqu'un extériorise sa colère dans ma réalité, j'assume à cent pour cent la responsabilité de ce qui est en train d'arriver tout en me demandant : " Qu'est-ce qui, chez moi, a provoqué la concrétisation de cette expérience dans ma vie ? " J'examine ce problème et sans besoin d'en identifier la cause, je me tourne vers le divin, je m'adresse à lui pour qu'il intervienne. Peut-être qu'une inspiration va me tirer d'affaire.*

> *Je profite de toutes les occasions de ce genre pour me nettoyer, parce que je veux éviter qu'un problème revienne – même si le fait qu'il se soit manifesté est positif, car souvent, et pour être plus précis la plupart du temps, nous n'avons pas l'opportunité de connaître le pourquoi de certaines situations problématiques, le processus de Ho'oponopono ayant une valence préventive outre que conclusive. »*

En somme, c'est comme si les gens apparaissaient dans notre vie exclusivement pour nous montrer comment nous sommes faits dedans, pour que nous vérifiions si nous sommes dans le droit chemin ou non. Du fait que nous n'avons aucune certitude à ce sujet, il vaut mieux « faire un brin de toilette » à chaque fois que l'occasion nous en est donnée.

Pensez ceci :
Avec la technique Ho'oponopono, j'apporte la paix en moi et en conséquence toutes les personnes de mon entourage bénéficieront de cet état de paix.

On pourrait ici détailler les caractéristiques de l'esprit subconscient, mais ce n'est pas d'une importance telle à en parler. Ce qui compte, c'est de savoir que nous nous rapportons à lui pour demander à la divinité d'éliminer les mémoires récurrentes qui engendrent conflits, problèmes, blocages énergétiques, lesquels mènent à des désagréments et des maladies aussi bien psychiques que physiques. Et surtout, sans que nous nous ressentions dans l'erreur ou fautifs ! Il s'agit de la simple constatation d'un réel état de fait, sans porter aucun jugement. Rien de plus !

Lorsque nous pratiquons Ho'oponopono, des changements positifs se produisent dans notre environnement, à notre avantage, mais aussi à celui de tous ceux qui partagent nos mémoires concernant nos décisions – ce sont des changements qui ont lieu dans notre réalité, car reflets de notre intériorité et qui sont là pour nous signaler notre manière d'être profonde, que nous ne sommes peut-être pas en mesure de percevoir.

Pensez souvent ceci :
Lorsque quelqu'un ou quelque chose me blesse ou simplement me dérange, je peux me plaindre, me fâcher, affronter la situation en donnant la faute à autrui ou aux circonstances. Pourtant, si je comprends que ce qui m'arrive n'est rien de plus qu'une projection de moi-même, c'est beaucoup plus productif et satisfaisant pour moi.

Donner la faute aux autres, c'est un peu comme si tout en regardant un téléfilm à la télévision, nous nous en prenions à l'acteur et que nous le traitions de crétin ou que nous nous mettions à discuter avec lui sur les raisons de son comportement ! Ne serait-ce pas totalement absurde ?

Cela pourra vous sembler paradoxal, mais dans la vie réelle, c'est pareil. Tout n'est que le résultat de notre projection sur l'écran tridimensionnel de la réalité.

Lorsque les mémoires sont partagées et que nous demandons au divin d'effacer celles qui nous causent des problèmes (souvenirs d'événements désagréables, de désaccords, de conflits, tous ceux qui s'accompagnent d'émotions négatives), nous les neutralisons en nous, mais aussi chez les personnes qui s'y rattachent.

En conséquence, les tentatives entreprises dans le but de changer les autres, de leur faire comprendre notre point de vue, de les convaincre, de nous justifier, de les convertir, n'est qu'une sorte de jeu psychologique, un besoin de notre esprit conscient de tenter d'en obtenir de bons résultats. C'est une opération inutile qui ne sert qu'à dissiper une énorme quantité d'énergie.

Se remercier et se pardonner efface automatiquement les croyances communes entre soi et ce qui dérange. N'est-ce pas mille fois plus simple ?

Par exemple, chaque thérapeute doit être conscient que toute personne qui vient le consulter pour sa guérison s'adresse à lui en particulier et non pas à un autre, car c'est celui avec lequel elle partage une mémoire à corriger, celui qui pourra résoudre son malaise.

Voici ce qu'en disait le Dr Len, selon Mabel Katz, lors d'une interview accordée à Saul Maraney :

> « *L'un des plus gros problèmes des thérapeutes, c'est que ceux-ci sont convaincus que leur rôle est de sauver les*

gens, alors qu'en réalité ils sont là pour "se nettoyer" eux-mêmes.
Comprendre que la personne qui pratique le processus de Ho'oponopono n'est pas en train de soigner quelqu'un d'autre, mais qu'elle est en train de purifier son cosmos intérieur grâce à l'aide du divin, créateur du TOUT, omniscient et omnipotent, est impératif. »

Voici ce que Morrnah Simeona elle-même répétait à ceux qui pratiquent le métier de guérisseur :

« *Il est important de clarifier les schémas karmiques avec vos patients avant de commencer à travailler avec eux, de façon à ne pas activer de vieilles histoires entre vous. Peut-être qu'on ne devrait pas travailler avec tous les gens indistinctement. Seule la divinité connaît la réponse. Si l'on travaille avec une personne, il se peut que nous assumions son problème et tout ce qui y soit associé. Or, ceci peut causer de gros troubles psychologiques et mentaux aux deux parties.*
Ho'oponopono fournit les instruments pour éviter que ceci ne se produise. »

Avec le Ho'oponopono, nous endossons la responsabilité de toutes les mémoires que nous partageons avec d'autres personnes.

Lorsque nous disons à la divinité « mais qu'est-ce qui se passe en moi qui est en train de faire vivre certaines personnes de cette façon. Je voudrais effacer les mémoires qui provoquent ce fait », en dissolvant certaines croyances, nous changeons notre monde intérieur, et ceci fait que le monde entier change parce que ce que la réalité extérieure doit renvoyer par réflexion change aussi.

Voilà pourquoi nous devons considérer comme une chance toute chose qui survient dans notre vie, même fâcheuse, même pénible, parce que celle-ci, quoique néfaste, nous donne l'opportunité de prendre nos responsabilités par rapport aux erreurs qui se trouvent dans notre subconscient et de les corriger.

Prendre nos responsabilités, c'est choisir la voie la plus facile.

Pensez ceci :
Si je n'ai aucune croyance réductrice ni aucun souvenir nocif dans mon subconscient, il est impossible que certaines contingences se manifestent dans ma réalité. Parce que ma réalité n'est autre que le miroir de mon intériorité. C'est un peu comme si je prétendais obtenir des applications ou des fichiers d'un logiciel qui n'est pas installé dans mon ordinateur, rien qu'en tapant sur les touches du clavier. Absurde !

Si dans notre subconscient ne se trouvent pas de mémoires liées à certaines situations, ces situations ne pourront jamais, en aucun cas, se vérifier dans notre vie.

Dans la réalité que nous vivons, c'est pareil.

Si nous n'avons pas tel ou tel programme dans notre subconscient, aucun « fichier » ne peut apparaître dans notre vie.

Nous sommes responsables de tout, même des pensées et des actions d'autrui ! En réalité, nous avons déjà en nous toutes les « expériences », mais nous n'en sommes pas conscients à cause de toutes les mémoires et des croyances réductrices que nous avons accumulées et qui nous empêchent de nous connecter au divin.

C'est pourquoi notre mission consiste à éliminer nos blocages mentaux afin d'atteindre sciemment notre essence authentique.

Récemment, quelqu'un nous a posé la question suivante : « Si mon intériorité est purifiée et que j'assiste à une injustice, dois-je intervenir au risque de fâcheuses conséquences pour moi-même, ou dois-je rester en dehors de cette affaire, sachant que la personne lésée peut subir de graves conséquences ? »

À vrai dire, selon Ho'oponopono, nous ne pouvons que répondre ceci : « Si vous assistez à une injustice, cela signifie avant tout que vous n'êtes pas vraiment purifié, parce que si vous l'étiez, vous ne vous seriez pas trouvé dans cette situation. »

... De toute façon, il faut agir selon notre conscience en évaluant les situations cas par cas. Ce qui est intéressant ici, c'est de souligner que si notre intériorité ne présente aucune prémisse à partir de laquelle déduire une situation probable, il n'est pas possible que cette situation se vérifie. En ceci, nous nous rapportons de façon évidente à la théorie des « miroirs » des esséniens.

Je décide sciemment de choisir ma vie !
Pardonne-moi ; je suis désolé ; merci ; je t'aime.
Je sais que tout ce qui m'entoure
est dû à mon passé !
Pardonne-moi ; je suis désolé ; merci ; je t'aime.
Je peux me fier de toute personne
quelle qu'elle soit.
Pardonne-moi ; je suis désolé ; merci ; je t'aime.
Je peux modifier délibérément ma vie.
Pardonne-moi ; je suis désolé ; merci ; je t'aime.
Je ne ressens aucun besoin de me défendre
contre quoi que ce soit.
Pardonne-moi ; je suis désolé ; merci ; je t'aime.
Je décide de laisser aller
toutes mes croyances réductrices.
Pardonne-moi ; je suis désolé ; merci ; je t'aime.
Et qu'il en soit ainsi !

11.

Les miroirs esséniens

La théorie des « Sept miroirs des esséniens » mérite une synthèse rapide. Elle a été portée à la connaissance du grand public par Gregg Braden lors d'une conférence tenue après la publication de son livre *Marcher entre les mondes – La science de la compassion.*

Selon les esséniens, de l'interprétation de chaque relation humaine, nous pouvons déduire des indications très spécifiques qui nous concernent et qui concernent notre mode personnel d'interpréter la réalité[17].

Tout ce qui se passe reflète notre état intérieur (concept partagé par la plupart des traditions anciennes, comme la tradition Huna, le bouddhisme, le taoïsme, etc.). Tout ce qui nous nous entoure fait office de miroir afin que nous nous connaissions mieux, que nous puissions découvrir qui nous sommes réellement et ce que nous sommes venus faire ici sur Terre, quelle est notre « vision de naissance »[18].

---

17 Réf. : www.stazioneceleste.it.

18 Terme tiré du livre de James Redfield *L'Expérience de la dixième prophétie,* Aventure secrète, 2000. (N.d.T.)

Vous souvenez-vous de l'ancien proverbe : « Dis-moi qui tu fréquentes et je te dirai qui tu es » ?

Rien de plus juste.

Mais à qui appartient le droit ou le devoir d'interpréter le « qui tu es » au sens le plus large du terme ?

« Je suis qui je suis », dit-on ... c'est une façon de parler de notre vrai « soi », de la partie divine qui est en chacun de nous, de notre véritable essence détachée de l'ego.

On peut y ajouter (pour acquérir les mémoires utiles dans leur intégralité, il est important de répéter que chaque détail compte), comme la technique Ho'oponopono nous l'enseigne, que tout ce qui arrive dans notre réalité dépend de nous, de nos croyances les plus profondes.

Et que nous sommes tous UN, que toute notre réalité fait partie du TOUT.

Alors, si l'on part de ces principes, tout jugement, tout préjugé, toute critique envers l'autre perd complètement son sens, du fait que **l'autre, c'est moi**, et que ses comportements qui influencent ma réalité dépendent du fait qu'ils se vérifient parce que je le permets.

Tout ce qui nous arrive a toujours un sens et nous arrive exclusivement pour nous donner l'opportunité de nous améliorer.

Pour en revenir aux esséniens, ils avaient formulé une théorie selon laquelle chaque événement et chaque personne (l'Autre) qui jouent un rôle dans notre vie ont toujours quelque chose de très spécifique à nous enseigner.

Les anciens esséniens bâtirent une belle théorie, très claire, concernant le rôle des relations interpersonnelles. Ils identifièrent et cataloguèrent sept catégories de rôles correspondant aux différents rapports auxquels tout individu participe au cours de son existence. Ils les définirent « miroirs » du fait que dans chaque situation de notre vie, l'image de notre réalité intérieure est le reflet des attitudes et des manières d'agir de nos proches.

Les sept miroirs esséniens

Miroir n° 1 : c'est celui qui fournit les indications sur ce que vous êtes en train d'envoyer dans votre réalité extérieure. L'attitude de votre entourage reflète votre état d'âme du moment.

Miroir n° 2 : c'est celui qui fournit les indications sur ce que vous êtes en train de juger et comment vous procédez. Si les personnes qui vous sont proches vous mettent en colère, cela signifie exactement que vous êtes en train de juger l'attitude de qui vous met en colère. Et c'est sur quoi vous devez vous concentrer pour dissoudre ce « jugement ».

Miroir n° 3 : c'est celui qui fournit des indications sur un renoncement en cours de votre part ; des personnes avec lesquelles vous êtes particulièrement en accord en sont la représentation.

Miroir n° 4 : c'est celui qui fournit des indications sur vos addictions du moment (dépendance affective, économique, mentale, etc.).

Miroir n° 5 : c'est celui qui fournit des indications à propos de votre relation avec l'essence divine, relation déterminable à travers les rapports que vous entretenez avec vos parents.

Miroir n° 6 : c'est celui qui fournit des indications à propos de votre véritable essence, ce que Gregg Braden appelle la « nuit noire de l'âme ». Car à travers ce miroir, vous pouvez comprendre quel est votre potentiel de force intérieure et en quelle quantité.

Miroir n° 7 : c'est celui qui vous fournit les indications à propos du niveau de perfection de votre vie.

Ainsi, on peut dire que, quelle qu'elle soit, toute expérience qui se manifeste est toujours juste, tout advient exactement pour le mieux. Voilà pourquoi observer nos rapports avec notre prochain nous permet de comprendre beaucoup sur nous-mêmes, de percevoir des caractéristiques auxquelles nous n'aurions sans doute jamais prêté attention.

L'image qui nous arrive à travers les autres reflète certains de nos aspects. Y réfléchir un moment peut nous être très profitable.

N'oubliez jamais ceci :
Voir quelque chose qui ne va pas chez les autres signifie qu'il en est de même pour soi.

Puisque tout est UN, qui soigne est soigné ; si je m'améliore, le monde s'améliore. Je dois assumer cette responsabilité.

Il n'est pas nécessaire que d'autres personnes assistent à ce processus, car pour que ma réalité soit parfaite, il suffit que je procède tout seul[19].

Et encore :
Donner la faute aux autres, c'est un peu comme si, tout en regardant un téléfilm à la télévision, je m'en prenais à l'acteur et que je le traite de crétin ou que je me mette à discuter avec lui sur les raisons de son comportement. Absurde !

Cela pourra me sembler paradoxal, mais dans la vie réelle, c'est pareil, TOUT n'est que ma projection sur l'écran tridimensionnel de la réalité.

Si je n'ai aucune croyance réductrice, aucun souvenir malsain dans mon subconscient, il est impossible que certaines circonstances se manifestent dans ma réalité.

Je suis responsable de tout, même des pensées et des actions d'autrui.

Voilà pourquoi je dois considérer comme une chance toute chose qui survient dans ma vie, même fâcheuse, même pénible, parce que celle-ci, quoique néfaste, me donne l'opportunité de prendre mes responsabilités par rapport aux erreurs qui se trouvent dans mon subconscient et de les corriger.

19 Réf. : *Walking between the worlds*, Gregg Braden (dans *The Science of compassion*, Washington, Radio Bookstore Press). Livre publié en France sous le titre *Marcher entre les mondes – La science de la compassion*, Ariane Editions, 1996.

Chaque problème
doit être vécu
en tant qu'occasion
de croissance spirituelle

12.

Les émotions négatives

Toutes nos émotions négatives dérivent de la peur.
Aucune d'elles n'est vraiment à combattre.

Nous devrions toujours voyager en compagnie de cette phrase.

Car rien n'est plus important que ce concept. L'oublier un instant peut nous porter à subir des maux importants.

Toute expérience de souffrance est associée à une tension, par suite toute pensée qui s'accompagne d'une souffrance dérive principalement du souvenir de cette tension.

En effet, lorsque nous vivons une situation négative, la tension qui se déclenche de cette expérience se fixe dans notre mémoire pour une période indéfinie, parfois pour toujours. Une célèbre citation de George Byron (dans *Marino Falieri*) dit que « *le souvenir du bonheur n'est plus du bonheur, le souvenir de la douleur est de la douleur encore !* ».

Nous ne sommes pas tout à fait d'accord là-dessus, mais elle illustre bien notre concept.

De par son mode de fonctionnement, notre esprit fait automatiquement resurgir certaines sensations dès que des événements contingents produisent des situations analogues et qu'on peut donc associer à celles que nous avons déjà vécues.

Il est facile de reconnaître ce genre de pensées. Ce sont celles qui provoquent tension, anxiété, stress ; en somme, celles qui nous font dire : « Je ne me sens pas bien. » Et plus nous ressentons cet état de malaise, plus nous y pensons.

À ce point-là, il est évident que le binôme pensée et souffrance est tout à fait involontaire et que sentiments et émotions négatives forment désormais un cercle vicieux très dangereux, surtout s'il est vécu inconsciemment. Car malheureusement, ce sont justement ces sentiments négatifs qui manifestent dans notre réalité physique une ultérieure négativité. En effet, lorsque nous nous sentons tristes, en colère, pleins de rancœur, envieux, etc., nous mettons en marche un mécanisme créateur qui va inévitablement nous procurer une autre tristesse, une autre colère, plus de rancune, plus de jalousie, voire quelque chose de pire.

Attention :
À chaque fois que vous avez déclenché ce mécanisme sans tenter de le bloquer, vous avez concrétisé dans votre vie, sans vous en rendre compte, exactement ce que vous craigniez ou ce qui procurait des sensations de malaise.

Il est important que vous compreniez bien cet agencement : si vous vous préoccupez de quelque chose et que vous focalisez votre attention dessus, vous provoquez la réalisation de ce qui vous inquiète.

Tout ceci est également valable à propos de beaux souvenirs, ceux sur lesquels vous aimez vous attarder pour les revivre.

Dans ce cas, pas de danger sauf si vous plongez dans la nostalgie et le regret ! Parce que si vous vous fixez avec nostalgie sur les beaux moments passés, vous n'attirerez dans votre présent qu'un sentiment de manque de ces bons moments. Et là aussi, bien qu'encore non liées à un sentiment de souffrance, des pensées involontaires pourraient bien infiltrer ce sentiment dans votre présent.

Comment reconnaître ces pensées involontaires ? Une fois encore, mettez-vous à l'écoute de votre moi supérieur, lequel, avec son langage émotionnel, vous transmet à travers la nostalgie un sentiment de malaise léger, et ce faisant tire une sonnette d'alarme.

Alors, attardez-vous de façon raisonnable sur vos belles expériences vécues, en vous laissant bercer par les belles sensations qu'elles vous ont offertes. Plus vous les revivez avec légèreté, et plus il est probable qu'elles se réalisent dans votre quotidien.

En conclusion, oui à l'évocation du passé, mais toujours dans un état d'esprit conscient du fait que votre vie est ici et maintenant.

Pour en revenir à la peur, c'est notre ennemi le plus grand et le plus sournois, c'est elle le véritable ennemi à combattre.

Toutefois l'idée même de « combattre » est elle aussi notre ennemie !

Si nous décidons de combattre la peur qui nous tenaille, nous continuons à la focaliser et à lui transmettre de l'énergie. Cet objectif n'aura que pour seul et unique résultat une transmission de nos énergies à nos peurs, avec un impact qui prendra des proportions gigantesques.

Comme tous les évènements, il nous faut accepter la peur, puis la laisser aller.

Acceptons-la immédiatement et ôtons-lui tout pouvoir en substituant aux mauvaises sensations des pensées qui nous font sentir bien, en faisant comme si peurs et inquiétudes n'avaient pas de prise sur notre cœur.

Apprenons à les dépasser, mais sans les ignorer.

Mieux encore… ignorons-les une fois dépassées. Suivons le conseil de Dante, devenu proverbe : « *Non ragioniam di lor, ma guarda e passa* » ; ce qui signifie : « Ne discourons point d'eux, mais regarde et passe. » (Enfer, chant III, v. 51).

Apprenons à nous concentrer sur les solutions, non pas sur les problèmes. Apprenons à nous concentrer sur ce que nous désirons, non pas à refuser obstinément ce qu'on craint.

L'Univers ne lit pas les « non ».

L'Univers perçoit nos sensations et nous les restitue amplifiées.

Si nous nous trouvons dans une caverne et qu'autour de nous, nous ne voyons que l'obscurité, la seule solution, c'est de nous tourner vers la lumière et de sortir.

La plus grande partie des gens parlent continuellement de tout ce qui va mal dans le monde, concluent qu'il est pourri… et parlent, parlent, parlent… bavardages et discours ciblent toute la négativité. Même lorsque cela se passe dans le dessein de la surmonter, il n'en reste pas moins que l'attention demeure centrée sur ce qui est mauvais.

Ainsi ces personnes obtiennent exactement l'effet contraire à leur intention !

Si nous acceptons ce modèle de comportement, nous serons de plus en plus encerclés, comme dans une caverne enténébrée. Si nous sommes bloqués dans le « drame », la loi de l'attraction nous apportera de plus en plus de « drame » et nous nous trouverons dans l'impossibilité d'attirer ce que nous désirons vraiment.

La toute première chose à faire, c'est d'affronter et d'accepter nos sensations négatives et notre colère (directe descendante de la peur), afin de pouvoir nous en libérer définitivement. Les ignorer ou les combattre est non seulement contre-productif, mais apte à dégénérer en un processus vraiment délétère.

L'une de nos fidèles correspondantes nous a raconté son expérience à ce sujet. Nous avons trouvé son témoignage vraiment intéressant, débordant de vérités profondes. C'est pourquoi nous avons décidé de lui réserver une petite place ici.

Méthode Ho'oponopono et colère

de Maria Flora Spagnuolo

Je m'occupe de *counseling*, en particulier du soutien que l'on peut apporter en matière d'émotions négatives. Avant d'en arriver là, j'ai dû travailler profondément sur moi, sous la guidance d'un bon maître (on ne va pas très loin de façon autonome, tôt ou tard une figure plus experte s'avère nécessaire).

J'ai dû apprendre à reconnaître en moi toute une série d'émotions négatives (colère, frustration, colère, déception) que j'avais accumulées étant petite et celles qui, durant les vingt dernières années de ma vie d'adulte (j'ai 44 ans), ont dérivé de toutes mes expériences (professionnelles, sentimentales, relationnelles, etc.), en somme toutes celles que l'on a en général au cours de notre existence.

Il me faut tout d'abord préciser que j'étudie et enseigne depuis 1992 le taiji chuan et le qi gong, que je suis certifiée niveau 2 en reiki et que je suis pranothérapeute. En somme, je suis une « fille » du Nouvel Âge !

En fait, l'objectif de transformer les émotions négatives en énergies supérieures, en lumière et amour, je ne l'ai mis au premier plan que depuis une période de temps relativement récente.

Dommage qu'en cours de route, je me sois un peu perdue, et qu'au lieu de « transformer », j'ai fini (je parle de ce qui s'est passé en moi) par « démolir » complètement ces émotions, en feignant de ne plus les ressentir parce que « moi, j'avais les outils pour les surmonter », y compris le taiji.

La morale de cette histoire, c'est que j'ai carrément court-circuité mes émotions négatives. Depuis, j'ai appris à les voir. Maintenant, je les vois très bien et je sais comment les affronter. C'est pourquoi je suis en mesure d'aider les autres.

Comprenez-vous le ravage insensé que j'ai déclenché en moi ? Heureusement que je jouis d'une excellente santé et que je suis forte et résistante (dix-sept années de taiji chuan se sont révélées salutaires) parce qu'une chose pareille aurait pu facilement évoluer en une maladie sérieuse.

Mais Dieu merci, il y a un an de ça environ, j'ai réussi à prendre conscience de tout ceci et à ressentir véritablement toute colère, douleur, peur, etc. que j'avais éprouvée et que j'étais en train d'éprouver. C'est ainsi que j'ai commencé à « sortir… vider… purger… ».

La technique ? Osho et ses « coups de poing » sur le coussin. Relaxation émotionnelle.

C'est facile, immédiat, ça se fait dans l'intimité, sans faire de mal à personne, sans laisser de traces intentionnelles (donc aucun risque de finir sa vie en prison pour homicide involontaire avec circonstances aggravantes en raison d'actes cruels et atroces du genre coups de rasoirs ou usage de la torture, face auxquels le personnage du *Silence des agneaux*, Hannibal Lecter, ferait figure d'enfant de chœur… : -)).

Bon. Revenons à la vie quotidienne et à ce qui arrive à tout le monde. Par exemple, comment mettre un terme à une histoire d'amour alors qu'on était à deux pas de vivre en couple… Avec un homme de cinquante ans en qui j'avais toute confiance et qui avait enfin réussi à « débloquer » un passé sentimentalement important et difficile ! Mais qui, au dernier moment – selon lui sous prétexte d'enfants en crise et de travail – a décidé de faire marche arrière. Furieuse dispute, et en septembre nous nous sommes quittés, comme ça, sans parler de quoi que ce soit. Plus jamais ni vu ni entendu, à part le commentaire qu'une amie commune à laquelle il s'était confié m'a rapporté : il était terrassé par la douleur…

OK, rien à dire.

Je suis en train d'essayer d'élaborer tout ça, mais croyez-moi, je suis très en colère contre moi et contre lui… Et bien sûr, je pratique Ho'oponopono, et c'est là où je voulais en venir.

Certainement, cette méthode est utile, mais ce que j'ai besoin de vous dire, c'est que l'attention à un certain type de communication est essentielle.

Réciter le mantra est important : il débloque, nettoie et fait plein d'autres bonnes choses encore, je suis tout à fait d'accord là-dessus. Mais attention à la colère, mesdames et messieurs. Mieux vaut la reconnaître, la sortir et l'exprimer sur le moment.

Parce que sinon : premièrement, on met le double de temps à « nettoyer », donc double fatigue ; deuxièmement, je ne pense pas que ce « nettoyage » soit vraiment profond. Dans le sens où, sans vouloir minimiser la méthode du Dr Len, par ailleurs très efficace, la colère est une émotion aussi puissante que le pardon, l'amour et la lumière… Les émotions négatives sont aussi fortes et aussi puissantes que les émotions positives… Et elles s'incrustent dans le temps.

C'est pourquoi, afin de faciliter la mission du mantra « Je suis désolé ; je t'aime… etc. » et d'agir de façon à ce que notre subconscient se nettoie plus vite (double blanchissage), je pense qu'il faut tout d'abord tenter de ressentir et de reconnaître quelles sont les véritables émotions négatives que nous éprouvons envers une personne ou une situation.

Puis de les EXTIRPER avant qu'elles ne fassent des ravages !

Et croyez-moi, s'agissant d'émotions liées aux relations de couple, il y a de quoi nettoyer ! : -)

Après ça, allons-y. Passons au mantra… en reconnaissant *notre colère* comme un vrai maître très utile, et en la laissant aller, car elle a fini son travail ; en reconnaissant *notre peur* comme un vrai maître très utile, et en la laissant aller, car elle a fini son travail ; en reconnaissant *notre douleur*, le plus grand et puissant de tous les maîtres. Laissons-les aller, toutes. Elles en ont fini avec nous dans cette expérience-là et, au moins dans celle-ci, elles ne se répéteront plus.

« Je te sens en moi, s'il te plaît pardonne-moi ; je suis désolé ; je t'aime ; je t'aime ; merci. »

Maria Flora Spagnuolo

Nous aimerions conclure la sympathique communication de Maria Flora en soulignant que la pratique Ho'oponopono ne prévoit pas, comme beaucoup le pensent, de se concentrer sur nos sensations ou nos situations négatives. En effet, ce serait faire une mauvaise interprétation de toute la philosophie Huna, de la loi de l'attraction et de toutes les plus anciennes traditions spirituelles qui prêchent inlassablement la pensée positive.

C'est dans l'approche de la pratique que réside la méprise, car il n'existe pas de situations positives ni de situations négatives au niveau objectif. C'est notre jugement qui les rend telles.

Il n'y a pas de situations négatives, mais des choses que nous préférons changer parce que, dans l'attitude mentale que nous avons assumée, elles nous créent des difficultés. Malgré tout, le fait qu'elles se soient révélées est toujours positif et représente une opportunité pour qu'on remette les choses à leur place, pour qu'on les rectifie définitivement.

Avec Ho'oponopono, nous devons toujours nous placer face aux problèmes dans une attitude positive de gratitude et d'amour.

Chaque problème doit être exclusivement vécu en tant qu'occasion de croissance spirituelle.

L'astuce consiste à tout regarder sans rien juger. C'est tout. Aucune bataille entre Ho'oponopono et la loi de l'attraction : ce sont des points de vue différents d'une même vérité.

Pensez ceci :
Vu les prémisses, ceci est arrivé parce que c'est ce qui devait arriver. Je préfère autre chose ? D'accord, alors je demande à mon moi supérieur d'intervenir.

En moi le bien-être, l'amour, l'abondance
et la gratitude coulent librement.
Merci ; je t'aime.
Le bien-être et l'amour, l'abondance
et la gratitude me traversent.
Merci ; je t'aime.
Ils circulent en moi librement.
Merci ; je t'aime.
Ils me débloquent, ils me désagrègent,
ils me délient, ils me libèrent, ils me vident.
Pardonne-moi ; je suis désolé ; merci ; je t'aime.
Chacune de mes cellules est imprégnée d'amour,
de bien-être, d'abondance et de gratitude.
Je suis envahi par la pure lumière.
Et qu'il en soit ainsi !

13.

La paix du moi

Avant de poursuivre nos raisonnements, il est très important de mettre les points sur les i.

La méthode Ho'oponopono, comme nous l'avons déjà amplement démontré, **ne consiste pas à répéter** une formule magique, **ce n'est pas le génie** d'une fameuse lampe qui exauce nos vœux à un simple commandement vocal, **ce n'est pas un outil** destiné à réaliser nos désirs d'un claquement de doigts !

Ne laissons subsister aucune équivoque à ce sujet.

Avec cette méthode, il est possible de se réapproprier d'un grand pouvoir tombé en désuétude au cours des siècles, lequel nous revient de droit, mais à deux conditions : que la voie à parcourir pour l'atteindre soit claire ; être disposé à y mettre la bonne dose d'engagement.

Ho'oponopono doit donc être saisi en tant que technique, c'est-à-dire en tant qu'instrument à utiliser pour gagner – seulement et exclusivement – la paix intérieure, la paix de notre moi. Les colonnes stratégiques de son fonctionnement sont la conscience qu'une totale responsabilité nous incombe ; la réitération d'émotions (mémoires qui s'accumulent en chacun de nous dès notre premier jour) qui se représentent – systématiquement et constamment – dans notre quotidien afin que nous en soyons débarrassés, et que nous soyons finalement « débloqués » ; cela dans le but précis de nous permettre de retrouver notre état originaire. Celui de notre naissance. Un état dit : ZÉRO LIMITE.

Nous sommes tous nés « vides », libres. Mais petit à petit, jour après jour, notre esprit égoïste accumule pensées, idées et concepts, préjugés et jugements, qui bloquent notre pouvoir, empêchent notre moi supérieur de se manifester et engendrent des situations frustrantes et attristantes.

Tout ceci parce que nous continuons, imperturbables, à focaliser ce que nous craignons, ce qui nous préoccupe et nous fait peur.

Outre subir l'influence de facteurs génétiques et ataviques, il est notoire que notre personnalité est en grande partie forgée par les relations interpersonnelles vécues dès notre petite enfance. De là, notre besoin de figures nous permettant, tout au cours de notre vie, de reproduire les émotions que nous avons expérimentées durant notre développement.

Si nous avons vécu des situations qui nous ont procuré un sentiment d'infériorité, que ce soit avec notre père, notre mère ou un frère, ou toute autre personne importante pour nous dans notre enfance, lorsque celle-ci disparaît de notre vie, il en apparaît toujours une autre qui nous permet de revivre les mêmes émotions dont nous sommes devenus dépendants, car ce n'est que comme ça que nous sommes capables d'équilibrer la structure de notre essence.

À ceci, nous pouvons ajouter le principe de la loi de l'attraction. Toute énergie attire des énergies semblables. Le négatif attire le négatif et le positif attire le positif. Si quelque chose nous cause une émotion, positive ou négative, nous attirerons le même type d'émotion.

C'est pourquoi il est nécessaire de changer, de laisser aller, de remplacer, de travailler, et de nettoyer, nettoyer, nettoyer... tout ce qui nous déplaît, quoi que ce soit.

Ne jamais appliquer la politique de l'autruche !

Ne plus faire semblant de ne rien voir en nous réfugiant dans ce précieux état de confort où nous nous complaisons, et dont nous parlerons de façon plus approfondie plus avant.

Impossible d'échapper à soi-même.

Il est évident que la technique Ho'oponopono va bien audelà de la loi de l'attraction parce qu'elle s'attache à la racine de toute chose, parce qu'elle va interagir directement avec l'identité de soi, et qu'elle affirme son parcours en immergeant notre « soi » dans l'amour où l'inspiration divine intervient pour nous permettre de récupérer l'abondance, la prospérité, la sérénité et la paix que nous méritons et auxquelles nous avons droit.

Le grand objectif de Ho'oponopono, c'est de nous ramener au niveau zéro limite : là où les pensées, les mémoires, les souvenirs, les raisonnements, les connaissances, les compétences disparaissent ; au niveau où nous prenons enfin conscience de notre divinité et où nous sommes prêts à recevoir l'inspiration qui va nous permettre de gagner sciemment et durablement la paix de notre moi…

Voici deux belles citations :

> « *Je vous laisse la paix, je vous donne ma paix. Je ne vous donne pas comme le monde donne. Que votre cœur ne se trouble point, et ne s'alarme point.* » (Livre Jean, chapitre 14, verset 27)

> « *Je vous donne toute ma paix. Je vous laisse toute ma paix. Non pas la paix du monde, non, la mienne. La paix de mon essence, de mes trois* "soi" *alignés en connexion.* » (Morrnah Simeona)

Si nous voulons réaliser le royaume de Dieu sur Terre, il nous faut expérimenter le divin consciemment et pour ce faire, la seule voie praticable est celle d'aller en quête de nous-mêmes, de notre véritable essence, de notre moi supérieur. Où ? En nous, pas au-dehors !

Cela requiert un travail d'introspection consistant. Il ne suffit pas de lire une montagne de livres plus ou moins sérieux traitant de ce sujet. Il ne suffit pas que nos désirs soient exprimés avec émotion, que nos objectifs soient convenablement formulés, diligemment inventoriés. Il ne s'agit pas de passer une commande à l'Univers après avoir consulté son catalogue et fait notre choix, et puis de rester dans un état d'attente confiante.

Non ! Il faut ouvrir les yeux et commencer à utiliser correctement les outils et les techniques que nous avons à notre disposition pour nous unir à notre ange gardien personnel, notre maître, notre Dieu… c'est-à-dire à notre moi supérieur, à travers un alignement sérieux et durable de notre être dans son intégralité.

Pour parler en terme de gros sous, on ne peut pas utiliser Ho'oponopono pour réaliser un million d'euros à déposer sur notre compte bancaire… ou plutôt on pourrait même en matérialiser deux, de ces millions, mais dans une optique très conditionnée : que cette réalisation d'argent soit finalisée à notre paix intérieure, que ce soit la voie la plus directe et la meilleure vers la paix durable de notre moi.

Pour conclure ce chapitre, voici une très belle métaphore du grand maître spirituel Omraam Mikhaël Aïvanhov :

> « *Afin que la vie, la lumière et les courants célestes puissent passer, il est nécessaire de leur ouvrir la voie. Tout dans la nature souligne cette loi.*
>
> *Pour quelle raison les pierres précieuses sont-elles si recherchées ?*
>
> *Parce qu'elles laissent passer la lumière…*
>
> *Et si la nature a obtenu un résultat aussi magnifique en travaillant sur certains minéraux, si elle a réussi à les affiner, à les purifier et à les colorer pour en faire*

les merveilles que nous admirons aujourd'hui – cristal, diamant, saphir, émeraude, topaze, rubis... – pourquoi l'être humain ne devrait-il pas réussir à faire le même travail sur soi ?

Qu'est-ce que la prière ?

Qu'est-ce que la méditation ?

Ce sont justement des activités grâce auxquelles l'homme réussit à tout purifier et illuminer en lui, dans son cœur et dans son âme, pour se retrouver un beau jour limpide comme une pierre précieuse.

Et c'est alors que le Seigneur, qui apprécie beaucoup les pierres précieuses, le mettra sur sa couronne.

Il s'agit d'une métaphore, bien sûr, mais qui correspond absolument à la réalité. »

Je suis aligné sur mon moi supérieur
et mon subconscient.
Merci ; je t'aime.
Je suis en paix avec moi-même
et avec le monde.
Merci ; je t'aime.
Mon monde est en paix
et pénétré de sérénité.
Merci ; je t'aime.
Tout le monde est en paix.
L'humanité est dans un état perpétuel
de profonde sérénité.
Merci ; je t'aime.
Je suis désolé ; merci ; je t'aime.
Et qu'il en soit ainsi !

Notre seul
et unique engagement,
c'est d'assumer
la responsabilité
de tous les problèmes

14.

Pas de suggestions. Que de la confiance !

Lorsque vous pratiquez Ho'oponopono, vous permettez à votre subconscient de se mettre en contact avec la divinité qui est votre véritable essence (votre moi supérieur) de façon à ce que la situation « incorrecte » qui s'est manifestée se conclue pour le bien de toutes les parties concernées.

Cette solution pourrait ne pas être celle que vous espérez, car votre moi supérieur, qui agit sans l'interférence de l'ego – donc indépendamment de ce qu'il pense, entend et désire – est qualifié à décider pour le mieux !

Votre conscience n'a rien d'autre à faire que d'activer le processus de Ho'oponopono qui permet que se concrétise ce qui vaut mieux pour tout l'Univers. Activation qui doit avoir lieu tout en éliminant doutes, peurs et notamment attentes et jugements. C'est une chose très simple, mais il faut la faire correctement.

Ne pas avoir d'attentes signifie « s'attendre au mieux du mieux » !

Quand vous êtes dans un état d'inspiration, vous permettez, vous coulez, vous déliez, vous libérez, vous jouissez, vous volez, bref, vous EXISTEZ ! Afin que votre ego ne s'en mêle, maintenez-vous dans cet état en invoquant simplement l'amour à travers notre mantra en prononçant : « Je suis désolé ; je t'aime. »

Elena Rainieri dit :

> *« Quand vous devez prendre des décisions, pensez comment agirait l'amour et comportez-vous en conséquence. »*

Dans la majorité des cas, nous n'avons pas la moindre idée d'où se cache le souvenir créant le blocage dont naît le problème avec lequel nous avons à faire. Si nous ne pouvions faire confiance qu'à notre subconscient (qui dissimule ce souvenir) et qu'à notre conscient (qui n'est pas capable de le dénicher), nous serions vraiment dans une impasse. Mais nous avons aussi notre moi supérieur qui sait très précisément sur quoi intervenir, comment et où.

Lorsque nous refusons de comprendre que ce qu'il y a de mieux à faire, c'est de nous tenir à l'écart pour laisser agir les experts et de laisser les choses fluer librement pour nous apporter le « mieux », nous devenons les pires obstacles à la sérénité de notre vie. Le plus juste, c'est de ne pas se donner d'objectifs déterminés et de rester « propre » en une attitude cohérente, confiant que, tôt ou tard, tout ce qui vaut mieux pour nous se manifestera au-delà de toute attente, au-delà de l'attente la plus agréable de notre intellect.

Et rappelons-nous que cet alignement se réalise facilement en mettant l'amour au premier plan !

La technique susdite fonctionne toujours. Que nous le croyions ou non. Ses effets ne sont pas forcément vérifiables dans l'immédiat, tout dépend de la qualité de notre alignement, mais elle fonctionne.

Et même si nous n'avons pas encore compris comment fonctionne son processus, acceptons au moins le fait qu'il est efficace dès lors que nous nous rendons compte que le problème pour lequel nous l'avons appliqué est résolu !

Prononcer les mots « Merci ; je t'aime », c'est aller au-devant d'un état de sérénité, indépendamment de ce que l'intellect sait ou ne sait pas. Car ce que la raison ne connaît pas, le cœur, lui, le connaît toujours. Et puisque tout le réel part de nous, rester sereins et en paix avec nous-mêmes est le plus grand service que nous puissions faire au monde.

Par ailleurs, si nous avons passé toute notre vie à tenter de résoudre nos problèmes, lorsque nous découvrons finalement que ce n'est pas à nous de le faire et que nous persistons obstinément malgré tout dans nos tentatives, nous nous mettons inutilement des bâtons dans les roues !

Alors « nettoyons-nous » afin de pouvoir rester dans un état de paix.

Être heureux, c'est prendre un bon raccourci pour atteindre un objectif, c'est l'état d'âme par excellence qui accélère n'importe quel processus d'attraction conscient.

Saisir parfaitement, par l'intelligence, comment Ho'oponopono exerce son action, ce n'est pas possible. Parce qu'ouvrir matériellement la connexion avec le divin, c'est le privilège de notre subconscient, de notre enfant intérieur, dans sa totale innocence et ingénuité, au-delà de tout jugement de mérite, et bien au-delà de toute culpabilité morale, erreur ou péché.

Toujours dans la même interview de Saul Maraney[20], le Dr Hew Len aurait fait les observations suivantes :

> *« Nettoyer tout en visualisant un résultat ne fonctionne pas. Nettoyer dans le seul but de nettoyer apporte d'agréables surprises. Il faut se fier à la divinité, permettre au divin de choisir ce qui vaut mieux pour nous, sans suggestions ni conseils de notre part. Cette attitude libère l'esprit conscient d'une tâche délicate : décider quoi nettoyer. »*

Nous devons bien comprendre que focaliser sciemment ce que nous devons effacer n'est pas important, mais qu'il est suffisant de porter notre attention sur l'effet que tel ou tel effacement va produire.

Il est indispensable de n'avoir aucune attente.

Le secret, c'est de garder notre cœur ouvert, accueillant, accommodant, parce qu'on ne sait jamais ce que nous allons recevoir et d'où arriveront les opportunités. Nous devons être persuadés que tout ira pour le mieux. Ce qui arrive, c'est ce qui nous est le plus favorable, même si au fond nous attendions toute autre chose.

---

20 Réf. : www.whatishooponopono.com.

Le fait que nous n'obtenons parfois pas ce que nous voulions (ce que notre ego avait décrété comme nous étant agréable) ne signifie pas que nos prières n'ont pas été écoutées, que nous n'avons pas passé le test ou que nous ne le méritons pas. Nous devons permettre à l'Univers de nous surprendre par ses dons encore plus extraordinaires. Des dons que nous n'aurions jamais imaginés. La loi de l'Univers prévoit que si nous demandons quelque chose, nous l'obtiendrons.

Le monde doit répondre.

Il est nécessaire de demander, mais il est tout aussi nécessaire de permettre de donner… et pour cela de prendre du recul à l'égard du résultat. Être confiants et convaincus que ce qui est juste et parfait pour nous va arriver est la condition sine qua non de son accomplissement.

Par ailleurs, comme nous n'avons pas, dans la majorité des cas, la moindre idée d'où se niche le souvenir qui nous bloque dans des problématiques que nous devons affronter, n'oublions pas que, par chance, nous avons aussi notre moi supérieur, lequel sait pertinemment sur quoi intervenir, comment et où. Ce n'est pas rien, car, rappelez-vous : si nous n'avions que notre subconscient à qui nous fier – lequel dissimule le souvenir – et notre conscient – lequel n'est pas capable de le découvrir – nous serions vraiment mal lotis !

Lorsque nous refusons de comprendre que ce qu'il y a de mieux à faire, c'est de nous tenir à l'écart et de laisser agir les experts, nous faisons office d'obstacles au flux serein de notre vie.

Voici ce que soutient le Dr Hew Len :

> *« Pratiquer Ho'oponopono signifie s'abandonner et se fier, parce que les résultats ne dépendent pas de l'intel-*

> *lect. Les attentes ne sont que des mémoires qui se reproduisent et rien dans la vie n'arrive par hasard. C'est la divinité qui orchestre les événements et notre devoir est de rester dans un état de sérénité.*
>
> *Si nous insistons à préétablir des objectifs, nous devons nous nettoyer continuellement afin que notre vie suive la juste voie.*
>
> *Si nous sommes inflexibles et que nous avons déjà déterminé dans notre esprit conscient une destination spécifique, nous perdons les nombreuses opportunités (inspirations) qui proviennent du divin. »*

Pensez ceci :
Lorsque je pratique Ho'oponopono, je ne dois rien attendre, rien juger. Cette pratique est très simple, je dois la faire correctement.

Pendant tout le temps que je répète les mots « pardonne-moi ; je suis désolé ; je t'aime ; merci », je sais que je libère, que je nettoie et que j'efface cette partie de moi qui me cause des désagréments.

Je n'attends donc rien de précis, je n'ai aucune intention de suggérer quoi que ce soit quant à une quelconque direction qui résoudrait ces désagréments à ma convenance.

J'ai compris qu'en réalité, le fait de n'avoir aucune attente, mais d'avoir CONFIANCE, facilite le cours des choses, conduit à la meilleure résolution, avec pour résultat de me rendre heureux.

Donc mon devoir, celui de mon moi conscient, consiste exclusivement à déterminer ce qui ne va pas. Comment cela devrait se résoudre ne me regarde pas, je n'ai pas à vouloir que ça aille de telle ou telle façon.

Mon moi superconscient sait exactement ce qui me convient le mieux. Il va s'occuper de me mettre sur la voie la plus juste afin de résoudre mon problème de la meilleure façon, pour moi et pour toutes les personnes concernées.

Voici encore ce qu'en dit le Dr Hew Len :

> *« Nous devons porter grande attention aux attentes que nous nourrissons au cours de notre existence. Se nettoyer n'a rien à voir avec les attentes. Nettoyer n'a pas l'objectif de sauver la vie de quelqu'un. Le nettoyage intérieur se fait pour que se réalise en toute sérénité et de façon pacifique, ce qui vaut mieux pour nous. »*

S'il est clair que Ho'oponopono se pratique en vue d'obtenir les circonstances parfaites, les plus justes pour notre sérénité, par contre, nous, nous ne pouvons les discerner de façon consciente, seul le divin les connaît.

C'est ce qu'explique Hew Len :

> *« Le nettoyage par Ho'oponopono est profond justement parce que nous sommes en train de travailler directement avec l'aide divine. Or, le divin est infaillible dans son œuvre. Dire à la divinité quel résultat nous aimerions obtenir à travers ce nettoyage n'a pas de raison d'être. »*

Notre seul et unique engagement, c'est d'assumer la responsabilité de tous les problèmes.

La responsabilité de la divinité, c'est de faire ce qui doit être fait afin que nous puissions obtenir le mieux. Quant à la détermination des causes de nos problèmes, c'est l'affaire de notre partie divine qui de son côté sait très bien comment s'y prendre, n'a besoin ni de conseils ni d'instructions. Lesquels ne pourraient que détourner notre attention de ce que nous désirons éliminer.

Il se peut que sur le moment nous ressentions comme douloureuses certaines solutions de l'Univers. Ne nous arrêtons pas à cette première impression, car la constatation que la situation a évolué au mieux pour toutes les parties en cause ne tardera pas à survenir.

Le fait est que tout évènement de notre vie est jugé soit heureux soit triste selon notre angle d'observation. La qualité de toute solution est relative à notre point de vue personnel.

C'est l'observateur qui qualifie chaque solution que l'Univers envoie. En conséquence, impossible de les définir douloureuses ou indolores, positives ou négatives, car ce qui est négatif pour de nombreuses personnes pourrait bien être positif pour d'autres.

Alors ayons confiance dans le fait qu'avec la méthode Ho'oponopono, ce qui arrive est exactement ce dont a besoin notre esprit pour évoluer. C'est de cette manière qu'il nous faut l'interpréter, en essayant de l'observer du dehors, c'est-à-dire comme s'il ne s'agissait pas de nous, comme s'il ne s'agissait pas de notre vie. Ainsi nous permettons que la réponse de l'Univers passe à travers notre être, quel que soit le sentiment qu'il va provoquer.

S'appliquer à déterminer ce que nous sommes en train d'effacer n'est pas important, c'est même contre-productif car cela dévie notre concentration. Notre partie divine sait très bien ce qu'il faut nettoyer. Elle n'effacera que ce qui doit être éliminé pour le mieux de tous. Ses effets ne sont pas forcément vérifiables dans l'immédiat, le temps qu'elle met dépend de la qualité de notre alignement, mais elle fonctionne de toute façon. Et puis, en mettant l'amour au premier plan, notre alignement devrait se réaliser facilement.

Alors :

- focalisez votre pensée sur vous-même, sur votre ressenti, parce qu'en général lorsque vous formulez votre requête, il suffit de vous comporter comme le suggère Hew Len : *« Donnons un ordre et traitons le divin comme si c'était notre domestique. »* ;
- ne cherchez pas à comprendre comment on procède, il ne faut pas y penser, on le fait pour que le meilleur arrive ;
- n'exprimez pas d'espoir précis, ce serait comme dire à Dieu ce qu'il doit faire, ce serait parler comme si vous saviez tout mieux que lui ;
- acceptez le fait que vous ne savez pas avec précision ce que vous êtes en train d'effacer, et que n'importe comment, ce qui va être effacé vous aurait entravé ;

- ne fixez pas de limites à la providence, et remettez-vous entre ses mains ;
- dès que vous vous mettez à effacer, en réalité vous vous rapprochez petit à petit d'un état élevé de conscience ;
- utilisez tout ce qui se révèle dans votre vie en tant qu'opportunités pour effacer vos blocages... les nouvelles du journal télévisé... mais aussi n'importe quelle information, parce que si elle parvient jusqu'à vous, c'est parce que vous le lui permettez et parce qu'elle représente la projection de quelque chose qui est réel en vous ;
- ne tentez pas de saisir parfaitement en raisonnant comment Ho'oponopono exerce son action, ce n'est pas possible, parce qu'ouvrir matériellement la connexion avec le divin, c'est le privilège de votre subconscient, de votre enfant intérieur, dans sa totale innocence et ingénuité, au-delà de tout jugement de mérite, et bien au-delà de tout sentiment de culpabilité, erreur ou péché ;
- acceptez le fait qu'en vous il y a une partie qui est plus sage que votre moi (dans le sens où vous ne vous identifiez trop souvent qu'à votre moi conscient – votre ego – en oubliant les deux autres parties de votre être).

Si vous ne pensiez pas autant, vous pourriez souvent mieux comprendre les choses !

Vous devez comprendre que Dieu n'intervient pas dans votre vie si vous ne le lui permettez pas.

Il faut apprendre à avoir confiance en vous et à vous remercier pour tout ce que vous avez réalisé de bon dans votre vie et même pour tout ce qui ne vous semble pas bon (parce que de toute façon, ça l'est).

Lorsque vous utilisez cette technique, il faut vraiment espérer, croire réellement que vos problèmes vont se résoudre. Et surtout cesser de tout analyser.

Pensez ceci :
La seule chose que je dois faire, c'est être totalement, pleinement moi-même.

Peu importe quelle est la cause effective de mon problème, ce n'est qu'une inconnue à effacer. Et peu importe qui se charge de l'effacer. Et peu importe encore de comprendre quand ou comment je préférerais qu'il se résolve, parce que ma partie divine sait parfaitement ce qui est mieux pour moi et agira en ce sens.

En effet, notre moi supérieur ne confond pas l'« expérience » avec le « symbole » comme cela arrive souvent à notre ego, lorsque par exemple nous croyons qu'avec l'argent (symbole) nous gagnons la sérénité (expérience). Tendre à obtenir le symbole ne procure pas forcément l'expérience attendue. Notre moi supérieur, lui, voit clairement ce qui est bon pour nous.

La chose la plus juste à faire, ce n'est pas de se donner des objectifs déterminés, mais plutôt de rester « propre » en une attitude cohérente, confiant que, tôt ou tard, tout ce qui vaut mieux pour nous se manifestera au-delà de toute attente, au-delà du désir le plus épanouissant que notre intellect puisse imaginer.

Il est évident que nous ne pouvons pas être conscients de la qualité de nos pensées à tout instant. Mais celles-ci sont créatrices, qu'il s'agisse de pensées conscientes ou de pensées non conscientes.

Lorsqu'une personne est victime d'un malheur, il est tout à fait normal de présumer qu'elle ne l'a pas consciemment attiré dans sa vie. Toutefois, nous savons désormais comment les choses se passent et nous SAVONS qu'elle l'a attiré et qu'elle seule en est responsable.

En réalité, nous avons une quantité de souvenirs, d'émotions et de pensées (dont nous ne sommes pas conscients) telles à constituer un potentiel de risques élevé : la réalisation de plein de choses que nous ne voulons surtout pas.

C'est pour cette raison que notre ego (l'esprit conscient) ne peut prétendre effacer consciemment la cause d'une erreur parce que très vraisemblablement, dans la majorité des cas, il n'est pas capable de l'identifier.

Puisqu'il en est ainsi, comportons-nous comme lorsque nous étions enfants, acceptons l'effacement des causes de nos problèmes sans contrôle direct, avec innocence. Disons… avec une innocence consciente.

Il n'y a rien qu'on puisse décréter bon ou mauvais. C'est le paramètre de notre jugement qui juge bon le « bon » et le mauvais « mauvais ». Il n'existe pas de souvenirs positifs ni de souvenirs négatifs ; en revanche, l'émotion que ceux-ci suscitent lorsqu'ils refont surface, existe bel et bien. Et c'est notre réaction à cette émotion qui nous éclaire sur le déroulement du nettoyage de nos mémoires.

En accordant notre confiance à la divinité, pour toute chose, nous nous libérons du poids de décider comment résoudre nos problèmes.

Voilà ce qui nous rend véritablement heureux, libère notre esprit de toutes les tensions qui l'oppriment. Tout tenir sous contrôle, constamment, n'est pas nécessaire, au contraire ; ne pas tenir les rênes est souvent plus productif.

Par ailleurs, si nous avons passé toute notre vie à tenter de résoudre nos problèmes, lorsque nous découvrons finalement que quelqu'un d'autre peut s'en occuper mieux que nous et que nous persistons obstinément et malgré tout dans nos tentatives, nous nous mettons inutilement des bâtons dans les roues !

Remettons-nous entre les mains du divin, et agissons lorsque notre moi supérieur nous envoie l'« inspiration d'agir ».

À ce propos, nous avons récemment reçu une très belle poésie :

De toutes les batailles jamais combattues par l'homme,
la bataille combattue contre lui-même,
a été la plus ardue.
L'esprit, avec son contenu
– peur, jalousie, sentiment de culpabilité, ennui, etc. –
de par sa nature tend à diviser.

Il divise le bien du mal, le sacré du profane.
En général, il tente d'éviter son contraire.
Là est le point crucial de la lutte dont nous parlons.

Celui ou celle qui en sort vainqueur réalise que son esprit n'est pas sien,
mais fait partie de l'esprit collectif, ancien,
qui flue à travers lui, ou elle,
et prend donc conscience de la futilité de vouloir changer quelque chose.
Cette découverte intérieure donne le départ à une expérience complètement nouvelle de l'art de vivre et d'être.
Elle, ou lui, non seulement cesse de lutter,
mais se lie même d'amitié avec l'esprit collectif.

Le réveil n'est pas une destination.
C'est un voyage.
La fin de la souffrance personnelle est la pierre milliaire de ce voyage dans la conscience.
Le reste du voyage se déploie automatiquement,
progresse et continue à aller de l'avant.
L'énergie à disposition se révèle en tant qu'attention envers l'autre,
en tant qu'amour dans les relations interpersonnelles,
en tant qu'efficacité et créativité dans le travail.

En somme, lui et elle se déplacent de l'existence à la vie.
Laisser aller le besoin de contrôle… c'est la rémission.
Laisser aller les blessures… c'est le pardon.

Laisser aller la résistance… c'est l'acceptation.
Laisser aller la possession… c'est l'amour.
Pour toute cette libération, la grâce divine est indispensable.

(*Message de Sri Ammabhagavan pour le Nouvel An*)

C'est à nous
que revient le choix
de la route à suivre

15.

Inspiration et intuition

Il y a une grande différence entre intuition et inspiration. L'intuition dérive des archives de notre subconscient (à cette catégorie appartiennent aussi les rêves prémonitoires). L'inspiration, elle, est un véritable guide qui provient directement de notre moi supérieur (donc de notre partie divine) et qui va toujours en direction de notre mieux-être.

Comme il nous est très difficile de distinguer l'intuition de l'inspiration, nous devons nous positionner face aux événements de la vie comme si tout ce qui nous arrivait n'était autre qu'une opportunité d'amélioration, sans chercher d'autres raisons – que par ailleurs notre moi conscient ne serait pas en mesure d'identifier.

La seule chose que nous savons, c'est comment permettre au divin d'intervenir pour effacer les causes de nos problèmes. Ce n'est qu'une fois ceux-ci résolus qu'il nous sera possible d'en comprendre rationnellement leur origine.

Voici le mot du Dr Hew Len à ce propos :

> *« Nous sommes tous des êtres divins, mais l'ego ne peut suivre qu'un seul maître à la fois. Il peut suivre les*

mémoires récurrentes qui engendrent les problèmes ou bien suivre la divinité à travers ses inspirations. Notre rationalité doit donc choisir : soit prendre la décision d'agir sur la base de notre expérience de vie (intuition), soit prendre la décision d'agir en suivant la suggestion divine (inspiration). »

Citation de Jésus de Nazareth :

« *Nul ne peut servir deux maîtres. Car, ou il haïra l'un, et aimera l'autre ; ou il s'attachera à l'un, et méprisera l'autre. Vous ne pouvez servir Dieu et Mammon*[21]. »
(Évangile selon saint Matthieu, chapitre VI, verset 24)

Chaque mise en pratique de la méthode Ho'oponopono a lieu dans la recherche primordiale de nettoyer et d'effacer la cause de nos erreurs, même lorsque nous l'utilisons pour résoudre un problème spécifique. Sa finalité reste donc toujours de procéder à un « nettoyage » de nos archives mnésiques. En fait, mus par une inspiration qui provient de notre moi supérieur, nous le permettons en nous alignant sur l'amour du moi supérieur lui-même, tout en veillant à maintenir notre intention de nettoyer et la confiance en nous.

La simple intention est un instrument d'une puissance inouïe.

À relire souvent :
Ayez confiance. À chaque fois que vous utilisez Ho'oponopono, quelque chose est réparé. Parce que, lorsque vous vous nettoyez

21 Mammon ou l'argent-roi, iniquité. (N.d.T)

et que vous vous alignez sur le divin à travers l'amour, l'Univers vous soutient et vous met sur le meilleur chemin.

Au moment où vous notez en vous quelque chose de désagréable, que ce soit inhérent à une personne, un lieu, un événement, une action ou un désir, mettez en marche le processus de nettoyage, prononcez cette invocation à la divinité : « Efface en moi ce qui est en train de contribuer à ce problème. » Puis prononcez ces mots : « MERCI ; PARDONNE-MOI ; JE SUIS DÉSOLÉ ; JE T'AIME » dans l'ordre que vous préférez.

Répétez « MERCI ; PARDONNE-MOI ; JE SUIS DÉSOLÉ ; JE T'AIME » en prenant un ton plein de bonté et d'amabilité. Répétez ces mots de nombreuses fois, à l'instar d'une litanie… d'un mantra… en vous laissant guider par votre inspiration.

Répétez ce mantra le plus souvent et le plus longtemps possible, en vous référant à un problème particulier, ou en disant simplement « merci ; je t'aime » lorsque vous êtes dans un agréable état de sérénité.

Plus vous le répétez, plus votre enfant intérieur l'apprend, et à la longue il finira par le répéter automatiquement.

Donc, répétez mentalement, inlassablement votre mantra et, quand votre moi vous le suggère, focalisez-vous sur quelque chose de précis à résoudre.

MERCI ; PARDONNE-MOI ; JE SUIS DÉSOLÉ ; JE T'AIME.
MERCI ; PARDONNE-MOI ; JE SUIS DÉSOLÉ ; JE T'AIME.
MERCI ; PARDONNE-MOI ; JE SUIS DÉSOLÉ ; JE T'AIME.

Nous pouvons vivre en nous confiant aux mémoires ou en nous confiant aux suggestions divines. Nous pouvons choisir de vivre de souvenirs ou vivre d'inspirations, mais nous ne pouvons vivre des deux façons en même temps.

Comme nous l'avons vu, les souvenirs sont de vieux programmes qui se répètent dans notre subconscient tandis que l'inspiration est le message de notre moi supérieur. Le divin est notre état zéro, il est où nous avons « zéro limite ». Aucun souvenir, aucune pensée, aucune identité ! Que le divin !

En réalité, il n'y a rien de plus simple que la méthode Ho'oponopono !

Selon les anciens Hawaïens, les problèmes commencent dès que nous pensons. Là est le hic, du fait que chaque pensée est bondée de souvenirs, souvent douloureux, par exemple tout ce qui est mémoire liée à des personnes, des lieux ou des choses.

Quand on pratique Ho'oponopono, la divinité qui est en nous neutralise et purifie la pensée douloureuse, et l'énergie qui est associée à une personne, à un endroit, à une chose est transmuée en pure lumière.

C'est à nous que revient le choix de la route à suivre au départ…

Que le courant d'énergies salutaires
me traverse.
Pardonne-moi ; je suis désolé ; merci ; je t'aime.
Que mon canal soit libéré des blocages,
des croyances
et des mémoires qui l'entravent.
Pardonne-moi ; je suis désolé.
Que le flux d'amour et de gratitude débloque,
répare, assainisse, guérisse, ajuste
et remette chaque chose à sa place.
Merci ; je t'aime.
La source de l'amour remplit mon être
de pure lumière
et se propage dans mon intériorité,
en purifiant ma réalité.
Pardonne-moi ; je suis désolé ; merci ; je t'aime.

Tout le monde
désire être en paix
avec soi et autrui,
et le rester

16.

Sérénité, alignement et paix

Ce que tout le monde désire en premier lieu, c'est d'être heureux.

Or, pour être heureux, il faut être en harmonie avec soi-même.

Être plein d'amour et de joie, quelle belle façon de célébrer la vie, cette opportunité qui nous a été donnée d'être ici dans cet immense Univers ! Et de nous prouver que nous en avons cueilli la signification et que nous pouvons jouir de ses fruits !

Quelle meilleure manière d'entrer en résonance avec le divin que de se comporter dans le contexte du mantra, de l'amour, de la gratitude et de la joie ?

Il n'y a pas de limites. Jouir de ce que nous sommes et de ce que nous pouvons obtenir en vivant heureux et pleins de confiance est un droit. Mais aussi un « devoir », car nous DEVONS réapprendre à vivre heureux, à oublier le dispositif passé, punitif et opprimant, qui a été forgé de toutes pièces dans les règles de l'art au cours des siècles par d'habiles dresseurs, afin de maintenir les individus dans un état d'exécutants disciplinés.

Maintenant, ce qui compte, c'est de chevaucher notre vrai « moi », lequel peut nous mener sur le chemin de la prospérité et de la paix infinie.

Et lorsque la *source*, notre vrai moi et notre vrai vouloir seront alignés, celle-ci nous désaltérera en remplissant notre âme de paix et en nous apportant les dons les plus inattendus et les plus précieux, au-delà de nos espoirs.

Tout le monde désire être en paix avec soi et autrui, et le rester.

Lorsque nous aurons obtenu cet alignement et, grâce à lui, recouvré notre bien-être intérieur, nous pourrons faire en sorte que notre destinée s'accomplisse et réaliser de façon durable le royaume de Dieu sur Terre.

Il faut partir du principe que nous, en tant qu'ego, moi pensant ou esprit conscient, nous ne maîtrisons pas totalement la situation. Nous ne la contrôlons vraiment qu'au moment où notre moi se fait « soi » avec ses trois composantes bien alignées et centrées, car c'est alors que nous ressentons une confiance absolue envers notre partie divine et que nous entrons en contact constant avec l'intelligence divine.

Grâce à la méthode Ho'oponopono, nous devenons capables de créer et de maintenir ce contact de manière durable.

Le problème n'est pas tant d'avoir ou non des attentes et de s'abstenir de donner des indications ou des suggestions, mais plutôt de comprendre comment nous pouvons être sereins et en paix avec nous-mêmes alors que nous avons un problème à résoudre.

Grâce à la méthode Ho'oponopono, c'est possible. Oui, on peut jouir d'une profonde sérénité indépendamment de la réalité qui nous entoure. Il faut accepter la situation telle qu'elle est et croire en cette technique. Croire que notre situation va s'améliorer – non pas parce que bonne ou mauvaise (jugement) –, mais simplement parce qu'on peut l'améliorer même si elle va bien comme elle est ! Et il faut croire qu'elle va s'améliorer même si nous ne savons pas ni comment ni pourquoi. Le savoir, le prévoir, le suggérer ou le souhaiter n'est pas l'affaire de notre moi conscient.

Hew Len nous l'explique :

> *« La seule façon définitive de trouver une paix durable, c'est de pratiquer la méthode Ho'oponopono. Si j'arrive à trouver la paix et la sérénité, ce ressenti s'étendra à tout ce qui m'entoure.*
> *En conséquence, lorsque je remarque et perçois une chose (quelle qu'elle soit) comme étant un problème, je me pose la question : "Qu'est-ce qui ne va pas en moi ? Que dois-je réparer ?" »*

Si nous sommes dans un état de sérénité et de paix avec nous-mêmes, nous ne ressentons aucun besoin, aucune attente ! Si nous pratiquons Ho'oponopono dans cet état-là, nous restons « alignés », et ainsi nous réussissons à centrer et connecter nos trois « soi ». Bien entendu, nous devons être vides de tout jugement et de toute opinion afin que la voie soit libre pour le passage du flux divin.

Comme nous l'avons vu dans la tradition Huna, chacun de nous est constitué de trois « soi » en une profonde connexion.

1. LE MOI SUPÉRIEUR : notre partie spirituelle, notre véritable essence, notre moi supérieur, que nous pouvons appeler PÈRE ou DIEU, lequel représente notre partie parfaite, en connexion continue et tout UN avec le divin.

2. LE CONSCIENT : notre partie rationnelle, celle qui choisit, connue aussi sous l'appellation EGO. C'est une partie très importante, car c'est la MÈRE, celle qui accepte de prendre les responsabilités des manifestations de la réalité à cent pour cent. Le problème en soi n'existe pas, il n'existe que le choix de le considérer comme tel.

3. LE SUBCONSCIENT : c'est notre enfant intérieur. Notre partie émotive, celle qui emmagasine et archive toutes nos expériences. Nous le négligeons constamment, pourtant c'est lui le véritable responsable de tout ce que nous manifestons dans notre réalité. Non seulement le subconscient emmagasine toutes les mémoires de notre vie terrestre, mais il emmagasine aussi celles de nos vies précédentes.

L'état optimal de l'être humain est l'état harmonique qui fait qu'aucune des trois parties du « soi » ne prévaut sur une autre.

Une fois cet équilibre atteint, nous sommes en mesure d'établir le contact avec notre partie divine pour avoir l'inspiration qui guidera nos actions.

Très souvent, chez la plus grande partie des individus, la partie rationnelle écrase littéralement l'enfant intérieur, car elle prend les commandes et néglige les exigences du subconscient. Dès lors, l'inspiration-guide ne peut survenir et par la suite un véritable état de sérénité devient quasiment inaccessible.

Grâce à la technique Ho'oponopono, nous pouvons récupérer l'équilibre et la pureté intérieure en entrant en contact avec notre moi supérieur, notre moi parfait. Dès que nous sommes « centrés », l'état de joyeuse sérénité et de paix intérieure devient notre état naturel.

À travers la méthode Ho'oponopono, nous pouvons intervenir sur la cause de notre problème en l'éliminant, et plus nous la pratiquons, plus nous nous rapprochons d'un état d'alignement définitif de nos trois « soi ».

Donc les mots « Merci ; je t'aime », nous les prononçons parce que nous voulons rester sereins en dépit de ce que sait notre entendement. Car souvent ce que la raison ignore, le cœur le connaît.

Et puisque tout le réel part de nous, être sereins et en paix, c'est le plus grand service que nous puissions rendre au monde.

Dire MERCI mentalement ferme de nombreuses portes et en ouvre davantage, à la différence près que les portes qui s'ouvrent donnent sur des voies qui nous élèvent et nous conduisent vers le meilleur état possible de sérénité et de PAIX.

La PAIX. Quel mot grandiose, beau, plein de nobles contenus ! Mais aussi et très souvent, plein de lieux communs, malheureusement. Parler de paix peut devenir difficile dans un monde où la communication de masse veut des couleurs fortes pour attirer l'attention et où le mot PAIX est hurlé plutôt que vécu. Accoler ce mot à une idée de non-guerre, de trêve de violences, est par trop facile. Nous sommes quasi accoutumés aux images des guerres qui se déroulent dans des pays voisins, et qui toutefois nous apparaissent lointaines, dans la mesure où aucun de nos concitoyens n'est directement concerné. Ainsi, le concept de guerre et, par conséquent, le concept de paix sont perçus dans un état d'anesthésie. Ces images de guerre ne nous sont-elles pas servies à l'heure où la famille se retrouve ? À l'heure du souper et des « comment ça a marché aujourd'hui à l'école ? ».

Pourtant, lorsque ces concepts sont ramenés à une dimension plus réduite, plus intime, plus individuelle, ils acquièrent une tout autre densité, complètement différente. Alors, face à l'image de paix du cœur, de paix intérieure – ligne d'arrivée désirée dans le chaos de nos journées –, les concepts de guerre et de paix ne semblent plus aussi abstraits et lointains.

Le grand nombre de moyens avec lesquels nous tentons en vain de soulager notre vécu stressé de fatigues quotidiennes prouve que nous manquons de sérénité. Si notre existence se déroulait dans un état de paix intérieure, nous voyagerions moins, mangerions moins, achèterions moins, travaillerions moins, lutterions moins, parlerions et penserions moins. Dans certains cas, et pour quelques brèves périodes, l'adverbe « moins » pourrait bien être synonyme de « pour rien ».

En vérité, l'homme cherche la guerre parce qu'il a perdu sa paix intérieure. Les gens se tuent à cause des vides qu'ils ont en eux et qu'ils essaient de combler par la « domination », par l'emprise exercée sur l'autre.

La paix extérieure dépend de la paix intérieure.

Le poète Oliver Wendell Holmes a dit :

> *« Ce qui se trouve derrière nous et ce qui se trouve devant nous est bien peu de chose par comparaison avec ce qu'il y a en nous. »*

L'homme d'aujourd'hui, dans sa course effrénée, a peur de la pause, du silence, parce que c'est là qu'il entre en contact avec lui-même et avec ses guerres intérieures : sentiment d'injustice, frustrations, sentiment d'insécurité ou peurs diverses qu'il tient sous contrôle par le biais d'un « remplissage » de sa vie.

C'est quand on entre en relation avec les autres que l'on prend conscience de notre état, si nous sommes équilibrés ou non. Et c'est à ce moment-là que nous pouvons, plus que jamais, expérimenter notre paix intérieure.

Être capable d'écouter l'autre en silence – sans le submerger de paroles convaincantes ni chercher à le vouloir sous notre coupe – et d'exprimer notre pensée après une pause de réflexion, sans attentes particulières, en acceptant d'avance que l'autre ne soit pas d'accord avec nous car c'est son droit, voilà ce qui s'appelle expérimenter véritablement une relation de paix. Mais est-ce que cela nous arrive souvent ?

La paix est donc un état intérieur et on ne l'obtiendra jamais avec la suppression de quelques facteurs extérieurs (soldats, armes, etc.). Les causes de la guerre sont à surmonter en nous en premier lieu.

SI LA PAIX EST UN ÉTAT DE CONSCIENCE SUPÉRIEUR, cela n'a rien à voir avec le simple fait de se sentir bien, calme et sans préoccupations pendant un moment ou quelque temps. C'est quelque chose de beaucoup plus profond et précieux. C'est une harmonie entre tous les éléments qui constituent l'homme : esprit, intelligence, cœur, volonté et corps physique. Nous éduquer à la paix intérieure n'est pas quelque chose de prévisible, cela demande un engagement quotidien et attentif. Et, comme dit Antonella Iadevaia, c'est aussi apprendre à choisir les pensées positives, celles qui n'endommagent ni nous ni les autres, et laisser aller les pensées négatives, causes de conflits physiques et mentaux.

La pensée est une force capable de créer comme de détruire, et puisque la plupart du temps les gens ne savent pas l'utiliser de la meilleure façon, elle devient source de confusion et de souffrance.

Éduquer à la PAIX INTÉRIEURE, c'est enseigner à cueillir la beauté cachée en chaque être et chaque chose de la Création ; c'est développer une prédisposition réelle à la compréhension, à l'amour et à l'amitié ; c'est un engagement que nous sommes tous appelés à assumer pour démontrer dans le silence de notre cœur, sans utiliser de redondances, qu'il est possible d'atteindre un état de paix intérieure.

Voilà le plus grand cadeau que nous pouvons nous faire. Alors, « nettoyons-nous » afin de gagner la PAIX.

Je vous donne toute ma paix.
Je vous laisse toute ma paix.
Non pas la paix du monde,
non, la mienne.
La paix de mon essence,
de mes trois « soi »
alignés en connexion.

(*Morrnah Nalamaku Simeona*)

Nous avons toujours
des milliers de raisons
de dire « merci »

17.

L'importance du sentiment de gratitude

Si quelqu'un vous offre un cadeau et que vous ne le remerciez pas, croyez-vous que cette personne aura envie de vous en faire un second ?

Avoir et garder une attitude de gratitude instinctive vis-à-vis de l'Univers est fondamental si nous voulons que reste ouverte et purifiée la voie à travers laquelle se manifeste tout ce que nous recevons. N'oublions pas qu'il est l'auteur de tous les cadeaux, grands et petits, que nous avons reçus au cours de notre vie. Partant du principe que le hasard n'existe pas, que la chance n'existe pas et que rien ne se passe par pure coïncidence, nous apprenons à prendre conscience de toutes les belles choses qui nous arrivent et nous entourent quotidiennement.

Toute chose, grande ou petite, provient de l'Univers et se présente sur cette Terre à notre intention. Si nous en sommes conscients, vraiment conscients, l'attitude la plus logique, instinctive et naturelle à assumer ne peut être qu'une attitude de gratitude envers l'auteur de tout ceci.

Supposons qu'un beau matin, un pratiquant-débutant de la méthode Ho'oponopono se réveille et, ne trouvant pas de lait dans son frigidaire pour son petit déjeuner, qu'il commence à avoir des doutes quant aux résultats, qu'il se dise : « Il me semble que cette méthode ne fonctionne pas si bien que ça ! », ou bien : « Tout va de mal en pire, je ne sais pas ce qu'il y a qui ne va pas en moi, mais ça ne va pas », ou encore : « Zut, quelle malchance, je n'en rate pas une ! » En vérité, cette personne va sûrement passer une journée détestable et continuer à en attribuer la responsabilité à n'importe qui ou à n'importe quoi, sauf à elle-même.

Observons maintenant une personne qui se lève et commence sa journée en remerciant pour tout ce qu'elle possède, cette personne poursuit ses activités matinales tout en pensant : « Je suis désolé ; pardonne-moi ; merci ; je t'aime ; merci ; je t'aime ; merci ; je t'aime » ... Supposons que cette personne décide de déjeuner, ouvre son frigidaire pour en sortir le lait, s'aperçoit que le lait est fini. Pas de plaintes ni de récriminations inutiles. Elle ne se répand pas en lamentations pour ce manque. Elle s'aime. Parce qu'elle a l'occasion de se préparer une excellente tisane, de sortir du frigo un yaourt, et pourquoi pas, de se préparer un bon petit sandwich avec du miel... Elle s'aime. Parce qu'elle a l'opportunité d'aller prendre un petit déjeuner spécial au bar de son quartier, et que ça c'est un vrai cadeau-surprise. La journée de cette personne débute dans une vibration élevée, et en aucun moment elle ne cesse d'attirer la prospérité dans sa vie car elle reconnaît que chaque situation vécue est pleine de nouvelles opportunités.

La vibration qu'elle émane, et avec laquelle elle entre en syntonie, coïncide avec le point crucial de la création consciente.

Lorsque cette attitude mentale devient habituelle chez une personne, celle-ci ne voit que le côté positif des situations, sait se mettre en état de remercier même lorsqu'elle se sent triste ou démotivée, et réussit ainsi à transformer tristesse, déception, démotivation en de nouvelles occasions de s'élever, de grandir. Son esprit a été éduqué à choisir la joie et l'amour car elle a créé et appris à activer des liaisons spécifiques au développement de la zone cérébrale qui traduit automatiquement toute chose en confiance, bien-être, émerveillement créatif. En conséquence, lorsque cette personne cultive constamment son esprit avec des graines de prospérité, celles-ci germent de plus en plus nombreuses et donnent de plus en plus de vibrations élevées et d'actes de prospérité, tout ceci en une chaîne infinie.

En réalité nous avons toujours des milliers de raisons de dire « merci ».

Se concentrer le plus possible sur la gratitude qui est le ressort de la loi de l'attraction ne signifie pas mentir ou faire semblant que tout va bien en niant l'évidence. Si l'on finit par admettre que tout ce qui a été créé est là pour nous, à notre disposition, remercier plein d'une gratitude vibrante et émue est la moindre des choses que l'on puisse faire, geste qui par ailleurs nous est en même temps très profitable.

N'oublions jamais que les paroles d'approbation, d'amour et d'affection que nous adressons aux autres sont autant d'étincelles de lumière, qui vont toucher l'âme de ceux qui font partie de notre réalité, et qu'elles constituent un puissant outil de manifestation d'abondance et de bien-être.

Ainsi, quand la *pure lumière* s'allume pour les autres, elle s'allume aussi pour nous, et brille peut-être même plus. À travers l'expression du sentiment de gratitude, nous apprenons à créer un rapport stable avec nous-mêmes et, peu à peu, nous y parvenons de façon durable.

Ceci est du carburant pour nous tous. Pour nous aussi, les auteurs de ce livre, qui travaillons immergés dans la pratique de ce procédé, convaincus de sa valeur au vu de résultats constants. Si l'on réussit à avoir un TOUT puissant pour TOUS, la forme-pensée qu'il crée et qu'il concrétise sera accessible de plus en plus facilement sans les fameux blocages que nos mémoires, hélas, créent à tout instant, en rendant inutiles la plus grande partie de nos tentatives.

Rappelez-vous :
En premier lieu : confiance absolue et regard pur de l'enfant, sur nous-mêmes et sur le monde.

Ensuite, donner une place d'honneur à cet enfant intérieur qui n'a pas de conditionnements, ni de préjugés, qui n'a pas été massacré par la vie, ses peurs et ses toxines, et les horreurs que la méfiance engendre.

Commencer en jouant à « faire le Dieu », et voir ce qui en résulte. Consacrer chaque jour un peu de temps à nous-mêmes, à la « récréation » (mais avez-vous pensé à ce que signifie ce mot qu'on n'utilise qu'à l'école maternelle et primaire ? Il dérive du latin « *recreatio* » qui signifie « restaurer, rétablir, rénover ». Pratiquement, seuls les enfants ont le privilège de son emploi…

les enfants, ces êtres purs, intacts et puissants...) ! Alors, vive la récréation pour les adultes.

Et dans cet intervalle de temps, entrer dans un hologramme où tout est joie et où tout est manipulable et se mettre à créer comme si on travaillait de la pâte à modeler. Il n'est pas nécessaire de créer ou de nous faire un film de ce que nous désirons rationnellement. Il est important de JOUIR, d'avoir des moments d'émotion, ne fusse que par l'image, réelle ou remémorée, d'un coucher de soleil, ou de la chance de pouvoir, par exemple, faire les courses et se permettre une belle corbeille de myrtilles fraîches.

Nous, nous avons des moments de gratitude de ce genre. Nous ne rêvons pas de vivre dans une villa sur la Côte d'Azur ou d'avoir une Mercedes avec chauffeur (ou toute forme de désir d'accessoires dont disposent les stars et les célébrités, afin d'avoir la sensation de vivre un conte de fées).

Si ces rêves-là se réalisent, tant mieux. Mais sommes-nous sûrs qu'ils nous feront vibrer ? Que notre cœur frissonnera devant la Mercedes ? Que nous donnerons un sens à notre vie et que nous le comprendrons ? Certes, au moment où ces choses-là arrivent, c'est agréable, toutefois en ce qui nous concerne, l'émotion est ailleurs, et tout autre. Chacun de nous doit chercher sa propre jouissance, la jouissance profonde et triomphale de l'âme.

Nous avons tendance à recréer la situation qui nous procure une jouissance et nous savourons un sentiment de gratitude pour le plaisir d'avoir, quand nous le désirons, un pain à peinc défourné ou de l'eau chaude pour notre douche. Chaque jour.

Nous ne sommes ni mystiques ni bigots... au contraire... Mais considérer de telles choses comme dues, ce n'est pas normal, elles ne représentent ni un droit ni une bagatelle.

Et si la normalité banale à laquelle nous avons eu le bonheur d'accéder et de disposer disparaissait pour toujours ?

Voici une phrase de François de La Rochefoucauld :

« On ne désire jamais ardemment ce qu'on ne désire qu'avec la raison. »

Et de toute façon nous savons que nos rêves parfaits se réaliseront parce que nous laissons l'Univers agir à sa guise pendant que nous jouissons de notre voyage terrestre en remerciant pour le seul fait de pouvoir y participer !

Il nous arrive aussi de pleurer d'émotion pour avoir reçu la grâce du « ressenti ». Nous n'avons rien à faire pour « ressentir », pour notre esprit, c'est gratis ! (là encore, l'étymologie n'est pas due au hasard – gratis : terme latin devenu français. Dérivé de *gratia* : grâce, service, bienveillance ; de *gratus* : reconnaissant. Et de là gratuitement, par pure grâce, sans paiement).

Faire tout avec amour. Plus nous agissons avec amour et plus nous ressentons l'amour que nous mettons dans nos actions. Et plus nous le ressentons, plus ça marche, c'est-à-dire que tout va de mieux en mieux pour nous.

Ya raconte :

« ... Peut-être de la banalité de chaque jour, de choses qu'on ne perçoit pas, qui sont sans contours. Comme

le besoin de m'arrêter rien qu'un quart d'heure pour acheter au vol une décoration de Noël dans un magasin, et que non seulement je trouve une place au parking mais dans ma petite voiture je trouve le ticket avec vingt minutes pile... alors que je ne l'avais pas du tout demandé ! Ou comme hier, tiens ! Quand j'ai acheté cinq sticks de beurre cacao – d'une marque qui les produit avec des ingrédients naturels assez rares, ce qui fait que, quand je les trouve, j'en fais provision, même pour en offrir –, donc hier, avant de passer à la caisse, j'en ai ouvert un tout de suite parce que j'avais les lèvres particulièrement sèches, mais la pommade ne sortait pas du tube. Le mécanisme était cassé. Je l'ai laissé et j'en ai pris un autre. J'étais évidemment tombé sur le seul tube défectueux, les autres, ouverts à la maison, étaient parfaits. »

Ceci n'est pas pour démontrer ou justifier ce qui se passe au bout d'un certain temps, après avoir récité le mantra « Jesuisdésolépardonnemoimercijet'aime » à l'instar d'un chapelet et à tout moment, pour chaque trouble, peur, désagrément ou déséquilibre…

… mais il est vrai que, si nous nous nettoyons de ce qui nous fait revenir pour un instant à certains de nos vieux schémas (ceux qui nous avaient gâché la vie en donnant raison à notre partie pragmatique, attachée à l'idée romantique et intellectuelle de la douleur et de la méfiance), nous découvrons chaque jour des petites choses qui trouvent leur place, et qui nous laissent bouche bée. Et plus nous les considérons comme « naturelles », plus il nous en arrive.

Élargir chaque jour notre « pays des Merveilles » où tout regarder avec des lunettes roses, où jouer, s'égayer et jouir agréablement de la réalité dans sa totalité (celle que nous considérons comme réelle et celle qui nous semble virtuelle), eh bien voilà une bonne habitude qui nous enseigne que Ho'oponopono, ça fonctionne !

Considérer les vieux dictons du genre « bien malheureux est celui qui est cause de son mal » comme étant sages et lumineux, en se fiant fermement aux meilleurs de la série comme « Aide-toi, le ciel t'aidera », nous permet de penser avec une extrême confiance à l'une de nos phrases-clés :

« *Que tu croies réussir ou non, tu auras raison de toute façon.* »
Henry Ford

Croyez en vous-mêmes et en votre pouvoir, et regardez votre création et le TOUT avec bienveillance, gratitude, amour et confiance, tout en récitant le mantra miraculeux de Ho'oponopono :

Je suis désolé ; pardonne-moi ; merci ; je t'aime.
Infiniment.

En facilitant notre dialogue intérieur « Je suis désolé ; pardonne-moi ; merci ; je t'aime », il est possible de contribuer à construire le monde que l'on désire. Ce dialogue, c'est la petite voix qui ressort lorsqu'on est distrait, notre petite voix saine, pure, intègre, celle qui refait surface lorsque nous sommes heureux.

Les attitudes mentales qui résultent clairement les plus productives sont donc :

1. Choisir de se pardonner, même pour tout ce que nous considérons comme faisant problème.
2. Choisir de pardonner les autres parce que cela équivaut à se pardonner soi.
3. Choisir d'être reconnaissant à soi pour tout.
4. Apprécier profondément le moment présent.
5. Prendre conscience que la somme de tout ceci signifie s'aimer totalement.
6. Se dire que nous sommes ce qui existe de plus précieux et de plus sacré, que tout parcours, quel qu'il soit, est valable, apte à nous procurer plus d'amour, plus de joie et honorer au mieux le don que nous représentons en cet Univers, et enfin que tout ceci va contribuer à créer un monde meilleur et plus heureux.

JE SUIS DÉSOLÉ ; PARDONNE-MOI ; MERCI ; JE T'AIME.

Exercice pratique :

Voici maintenant un exercice pratique vraiment très simple et très efficace, que nous vous conseillons afin de développer votre champ énergétique de gratitude.

Avant tout, souriez ! Imprimez un beau sourire indélébile sur votre visage. Peu importe s'il n'est pas spontané, petit à petit il deviendra de plus en plus naturel. Donc, souriez et continuez à sourire au moins jusqu'à la fin de l'exercice. Tout en souriant, répétez à voix basse, à haute voix ou mentalement, sans discontinuer pendant cinq ou dix minutes : « Merci ; je t'aime ; merci ; je t'aime ; merci ; je t'aime. »

C'est tout !

Tout simplement : « Merci ; je t'aime » en souriant !

Faites-le, essayez, et vous verrez de grands résultats au niveau énergétique et matériel.

Vous pouvez le faire plus longtemps, comme une sorte de méditation, tout seul ou en groupe, et vous pouvez le faire tant que votre activité ne requiert pas votre attention de façon soutenue. Vous pouvez par exemple faire cet exercice tranquillement avant de vous endormir, tout en vous prélassant dans la chaleur de votre lit, ou bien le matin tandis que vous vous habillez, ou lorsque vous prenez votre petit déjeuner (hum ! plutôt difficile de sourire en buvant une tasse de lait !), ou encore en voiture, ou en faisant vos courses, ou pendant votre jogging... Ce qui compte, c'est de le pratiquer au moins un quart d'heure par jour.

Le faire sans trop savoir comment et pourquoi est de toute façon très productif, cela agit sur votre humeur et sur votre attitude mentale, et nous vous garantissons que cela a aussi une énorme influence sur votre environnement.

Bien. Maintenant, préparez une récompense pour votre subconscient. Persuadez votre partie rationnelle de l'utilité de cette pratique. Votre subconscient en sera satisfait et deviendra votre meilleur allié. Un allié puissant pour la réussite de votre objectif : être heureux.

La récompense susdite se trouve dans l'explication du pourquoi cet exercice fonctionne et comment.

Suivez notre raisonnement :

1- Le sourire.

La première chose que nous vous avons demandé de faire, c'est de sourire. Pourquoi est-ce si important ?

Que désirons-nous obtenir à travers l'application de cette pratique ? Quelques indications quant à la recette du bonheur, n'est-ce pas ? Et qui sourit avec insouciance ? Mais la personne qui est heureuse évidemment ! Par suite, lorsque nous voyons quelqu'un sourire, nous associons son image à l'idée d'une personne gaie, insouciante et sereine (ce que nous tous voudrions être). Nous-mêmes, quand nous sourions, nous le faisons parce que nous nous sentons bien, ou du moins parce que nous voulons donner cette impression à ceux qui nous regardent.

L'association mentale sourire/sérénité/joie, nous la faisons tous. Or, les archives de notre subconscient conservent toutes les images des sourires – les nôtres et ceux d'autrui – que nous avons croisés au cours de notre vie, lesquelles sont en effet pour la plupart associées à des états émotionnels de sérénité, de joie et de bonheur. L'image du sourire symbolise donc la joie de la personne qui a souri – et qui sourit – non seulement dans notre réalité, mais dans toute la réalité universelle, présente et passée, avec laquelle nous sommes holographiquement en contact constant !

Le sourire est compréhension, détente, harmonie, sympathie, compassion. Le sourire est l'expression de la joie de l'ÊTRE. Le sourire est conscience d'être tout un avec la vie et l'Univers.

Avez-vous compris où nous voulons en venir ?

Notre sourire déclenche en nous cette automatique association d'idées et suscite en nous l'embryon de l'émotion-bonheur, laquelle venant à être prolongée se transforme en un véritable enthousiasme. Tout simplement parce que c'est une association liée aussi à chacune des expériences de bonheur vécues dans notre existence.

Si vous souriez, c'est signe que vous êtes satisfait de vous, de tout ce qui vous entoure et de tout ce qui fait partie de votre vie.

Alors, selon la loi de l'attraction, l'Univers vous enverra d'autres motifs de satisfaction. En somme, vous souriez comme si vous saviez déjà que l'Univers est prêt à réaliser votre désir, et votre sourire lui-même est une marque de confiance en l'Univers et envers son pouvoir créateur.

2- Maintenant venons-en aux mots : « Merci ; je t'aime. »

Ces mots nous les connaissons bien : ce sont les deux mots de bon augure du mantra de Ho'oponopono. Comme nous savons, ce mantra est composé de quatre mots : « Je suis désolé ; pardonne-moi ; merci ; je t'aime ». Les deux premiers sont liés à la perception du problème tandis que les deux derniers sont des mots de bon augure. Positifs, enthousiastes, ils évoquent le mieux du mieux !

Chaque mot a un champ, appelons-le « aura », lequel a été déterminé par des siècles et des siècles d'utilisation de ce mot. Il s'agit donc d'un raisonnement valable pour un mot prononcé dans toutes les langues du monde, parce que son champ dépend de sa signification, des émotions que son usage a déterminées depuis la nuit des temps.

Bien. Alors, nous vous laissons deviner… quels sentiments les mots « merci » et « je t'aime » vous évoquent-ils ?

Hum ! Gratitude ? Amour ?

Et quelle signification les mots « être heureux » peuvent-ils prendre sinon le fait de vivre immergé dans la gratitude et l'amour ?

En conclusion, ce sont deux mots qui ont été utilisés dans toutes les langues – connues ou inconnues, et sous forme d'innombrables synonymes – pour déclarer une appréciation sur quelque chose (merci, la nôtre, gratitude) ou sur quelqu'un (je t'aime, amour). Ainsi, à tel ou tel moment, dans tel ou tel endroit, lors de telle ou telle situation, formuler une appréciation a contribué à nous faire nous sentir bien, à nous rendre heureux. Il s'ensuit que lorsque nous prononçons le mot MERCI, nous évoquons nos émotions de gratitude liées à tous les souvenirs d'événements où nous les avons ressenties, et quand nous disons JE T'AIME, nous évoquons les sensations liées aux événements où nous nous sommes sentis aimés ou amants.

Et ce qui est grandiose, c'est qu'en prononçant ces mots, nous n'évoquons pas que les mémoires, mais nous rappelons à nous toutes les mémoires de l'Univers dont nous faisons notoirement partie holographiquement.

Tout ceci n'est-il pas d'une puissance extraordinaire ?

Dans cet exercice, nous prononçons ces mots sans les rapporter à quelque chose de spécifique que nous aimerions réaliser ou éprouver, et cela rend tout le processus encore plus puissant. Pourquoi ? Parce que ces mots étant ceux de l'action que nous accomplissons (sourire) et ceux que nous prononçons (Merci ; je t'aime), mots par ailleurs associés à des évènements positifs et potentiellement agréables, le processus mis en marche devient un processus à valeur absolue, non rapporté à quoi que ce soit de spécifique, mais apte à préparer le terrain à notre réalité, prêt et réceptif afin d'obtenir

LE MIEUX !

Ce processus nous permet de sauter à pieds joints tous les blocages qui dérivent de nos préjugés, de nos attentes et de nos croyances limitantes.

Nous nous immergeons, en anticipant tout évènement quel qu'il soit, dans un état d'âme de gratitude et d'amour dont nous

nous délectons (sourire). Nous nous trouvons exactement dans le meilleur état d'âme possible, comme si nous avions déjà le mieux !

Cet exercice nous permet donc d'entrer, de façon fluide, dans une situation stable, d'où accéder à une infinité de possibilités toutes BONNES !

J'exprime ma plus profonde gratitude
pour tout ce que j'ai.
Merci ; je t'aime.
L'Univers est infini et abondant.
Merci ; je t'aime.
Je suis très conscient de mon énorme valeur.
Merci ; je t'aime.
L'abondance de l'Univers est à ma disposition.
Merci ; je t'aime.
Je reçois de l'Univers plus que je ne puis désirer.
Merci ; je t'aime.
Je vis dans un océan de bien-être,
d'abondance et de prospérité.
Merci ; je t'aime.
Je vis dans un flux continuel d'abondance.
Merci ; je t'aime.
Pardonne-moi ; je suis désolé ; merci ; je t'aime.
... et qu'il en soit ainsi.

18.

Ho'oponopono et la loi de l'attraction

Ho'oponopono va au-delà de la loi de l'attraction, il la dépasse et en même temps, il l'englobe.

La méthode Ho'oponopono et la loi de l'attraction sont deux points de vue différents d'une même grande vérité. Ce n'est donc pas exactement la même chose.

Le sens du mot ho'oponopono, c'est de « mettre les choses exactement à leur place » et c'est précisément ce que fait la technique Ho'oponopono : elle remet chaque chose à sa place. **Elle n'attire pas**, elle n'introduit pas, ne modifie pas, ne change pas, elle met simplement tout en ordre en nous ! Dans la vie de chacun de nous, il y a effectivement pas mal de choses à ranger, qu'elles soient grandes ou petites. Ho'oponopono sert à ça, à remettre les situations dans leur juste flux, à travers un nettoyage intérieur incessant et efficace.

Maintenant voyons quelle est la différence la plus éclatante entre Ho'oponopono et la loi de l'attraction. Ho'oponopono est une technique. La loi de l'attraction, comme le dit sa dénomination, est une loi (ceci est valable pour la loi de cause à effet, qui n'est autre qu'un nom différent pour définir le même mécanisme), et c'est une loi universelle, c'est-à-dire une caractéristique du cosmos dont les modalités fonctionnelles sont toujours les mêmes, en toute situation et en tout domaine.

En résumé, quand on nous demande « quelle différence y a-t-il entre la loi de l'attraction et Ho'oponopono ? », nous sourions, parce que c'est un peu comme si on nous demandait quelle est la différence entre une bicyclette et un morceau de gâteau. La réponse est « Tout ! ». Ce sont deux choses différentes, qui ont en commun le fait d'être des objets matériels.

Pareil en ce qui concerne Ho'oponopono et la loi de l'attraction. Ce qui les différencie, c'est… « Tout ! » Ce sont deux choses complètement différentes, qui ont en commun le fait de baser leur existence sur la même vérité qui, comme nous le savons, est unique. Toutefois la chose ne s'arrête pas là.

La bonne nouvelle, c'est que, s'agissant d'une technique, Ho'oponopono peut être très utile, voire fondamental, pour faire fonctionner la loi de l'attraction – qui est une loi universelle et comme telle fonctionne indépendamment de notre volonté – à notre avantage ! Pour être plus précis, ce n'est pas que la loi de l'attraction fonctionne à notre avantage ou à notre désavantage, car elle fonctionne et agit sur la base de prémisses, et c'est là que Ho'oponopono devient un atout majeur car il nous aide à modifier ces prémisses.

Dans *Un cours en Miracles*, un livre vraiment fantastique, on lit : « *Les miracles surgissent d'un esprit qui est prêt à les recevoir.* » Or, Ho'oponopono, c'est la technique qui peut rendre notre être prêt à recevoir les miracles les plus grandioses !

D'une manière générale, le concept de base est : il est plus utile et efficace de rechercher notre alignement plutôt que de nous entêter à obtenir la satisfaction de nos désirs. Éliminer nos espérances afin que Ho'oponopono devienne technique infaillible repose sur ce concept. Ho'oponopono nous aide à obtenir notre alignement spirituel, mais ne matérialise pas ce que nous voulons (ou plutôt ce que nous croyons vouloir). Pour cela, il y a d'autres moyens, comme le laboratoire créatif, la visualisation, la pensée positive, la gratitude, l'Esprit d'Aloha, etc.

Ce qui est sûr, c'est que sans une situation d'alignement, obtenir ce qu'on veut devient très ardu et fatigant, tandis qu'avec un alignement spirituel acceptable, cela devient de plus en plus fluide et simple. Et plus on se rapproche de cet état intérieur, plus ce qu'on désire coïncide avec ce qui vaut effectivement mieux pour nous ! N'est-ce pas grandiose ?

Voici encore une affirmation du Dr Ihaleakala Hew Len :

> « *L'esprit conscient bloque parce qu'il veut comprendre. Il faut se laisser aller et se vider pour se rétablir et avoir un milieu apte et puissant pour créer et recevoir ce que nous avons programmé. Le logiciel à appliquer, c'est l'amour.* »

Il n'y a pas « un avant » ou « un après », une chose essentielle et plus valide et une chose seulement complémentaire. Il faut voir le problème sous un autre angle.

Alors la différence entre la loi de l'attraction et la méthode Ho'oponopono ? La première est une loi universelle, la seconde est un véritable outil d'élévation spirituelle.

La loi de l'attraction enseigne que nous attirons ce sur quoi nous sommes concentrés, c'est-à-dire sur ce qui nous émeut. Cependant l'entourloupette, c'est que si nous ne sommes pas parfaitement alignés sur nos objectifs, le processus de réalisation se révèle plutôt ardu.

En revanche, Ho'oponopono est une technique mise au point par le peuple hawaïen justement pour nous aligner sur nos désirs et l'Univers.

Alors, disons que Ho'oponopono et la LOA *(Law of Attraction)* sont deux choses complémentaires, mais différentes. Elles énoncent un même principe : « Nous sommes les créateurs de notre réalité », mais l'affrontent sous une optique différente.

La question va quelque peu au-delà de la superficialité du désir instinctif de concrétiser un million d'euros sur la table de notre cuisine. Si nous voulons atteindre la sérénité spirituelle – objet évident de notre recherche ici – nous devons y mettre de l'application. Nous devons comprendre intimement que, tant que notre « moi » n'est pas aligné sur nos objectifs, ceux-ci ne se trouvent pas sur le même niveau vibrationnel, et l'état auquel nous aspirons reste inéluctablement inaccessible.

Ce n'est qu'avec courage, application et persévérance que nous pouvons recouvrer le pouvoir qui nous appartient.

Il faut le vouloir vraiment, profondément, y croire aveuglément, en utilisant les outils les plus appropriés, les techniques que l'expérience met à notre disposition pour fouiller en nous-mêmes, en étudiant notre « soi », avec constance et persévérance et avec la conviction de fusionner consciemment avec notre moi supérieur.

Nous voilà donc parvenus à un discours de profonde croissance spirituelle. À ce stade, les différences entre loi de l'attraction, Ho'oponopono, méditation, visualisation créatrice et divers autres techniques, perdent leur raison d'être. Ce sont tous des outils qui permettent de réaliser le dessein pour lequel nous sommes incarnés : **être heureux et établir le royaume de Dieu sur Terre !**

Étant donné qu'il n'est pas possible de connaître et de maîtriser le contenu de notre inconscient, contenu qui agit sur notre réalité, la technique Ho'oponopono nous permet d'intervenir en donnant de l'amour à notre inconscient, en l'acceptant tel qu'il est, sans le juger.

Les pensées négatives que nous avons quotidiennement sont celles qui nous empêchent d'être libres du point de vue émotionnel. N'oublions jamais que ce sont nos pensées qui créent notre réalité ! Chaque pensée est universellement créatrice, donc chaque idée qui arrive à notre conscience en ce moment même a déjà pris forme et, d'une façon ou d'une autre, va se révéler dans notre réalité.

Beaucoup de personnes se posent le problème suivant : comment la loi de l'attraction et la méthode Ho'oponopono peuvent-elles être compatibles puisque la première enseigne à se concentrer sur la pensée positive et sur la réalisation de ce que nous voulons, alors que la seconde nous demande de nous concentrer sur les problèmes et donc sur les mémoires négatives de notre existence.

Laquelle des deux se trompe ? Laquelle a raison ?

Et pourquoi se concentrer sur les événements négatifs comme l'enseigne Ho'oponopono si la loi de l'attraction et toutes les traditions les plus anciennes prêchent la pensée positive ?

Ni l'une ni l'autre n'ont raison ou tort. La méprise est dans l'approche.

Un bon départ, c'est celui qui comprend qu'objectivement il n'existe pas de situations positives ni de situations négatives, mais que c'est notre jugement qui les « rend » telles ! Lorsque nous jugeons les autres, ou nous-mêmes, nous produisons immédiatement une séparation, nous méconnaissons l'UN. Lorsqu'en revanche nous cessons de porter des jugements (que ce soit sur nous ou sur les autres, dans la conscience de l'Unité, ceci ne fait aucune différence), nous pouvons enfin commencer à nous aimer et à aimer les autres sans condition et au-delà de toute connotation qualitative qui morcelle.

Lorsque nous travaillons avec Ho'oponopono, nous devons toujours nous placer face aux problèmes dans une attitude positive, de gratitude et d'amour !

Nous ne devons pas les affronter en tant que situations négatives, mais en tant que situations que nous préférons simplement changer, parce qu'elles ne sont plus en rapport avec notre attitude mentale qui a évolué, et que cela nous crée des difficultés. Mais le fait qu'elles se soient manifestées est toujours un fait positif, une opportunité qui se présente pour que nous remettions les choses à leur place, pour les ajuster.

Raisonnez ainsi :

L'astuce consiste à tout voir sans juger. En réalité, étant donné les prémisses, ce qui s'est produit devait forcément se produire. Maintenant, je préfère autre chose ? Bien. Alors je demande à mon moi supérieur d'intervenir.

C'est tout ! S'il m'arrive d'avoir affaire à des situations négatives (désagréments ou malheurs), je dois avant tout rester très lucide pour comprendre que je ne dois pas me mesurer à celles-ci en les absorbant comme si c'étaient des affronts que le destin m'envoie personnellement.

J'ai bien appris que les événements négatifs et les personnes agressives ne sont que des souvenirs réactifs qui apparaissent dans ma vie rien que pour me donner la possibilité de me purifier.

Quand cela m'arrive, il est important que je ressente un sentiment de gratitude envers cet événement désagréable ou cette personne antipathique qui survient dans ma vie. C'est une attitude qui me rend exempt de tout mal.

Aucune bataille entre Ho'oponopono et la loi de l'attraction ; ce ne sont que deux points de vue différents d'une même vérité.

Notre vie est un choix continu. À tout instant des choix s'ouvrent devant nous ; nous engagent sur une voie que nous choisissons avec les outils que nous avons à portée de la main. Nos choix dépendent toujours de ce que nous avons en main à ce moment-là, sans connotations qualitatives d'aucune sorte…

puis les situations changent et les choix à faire peuvent se révéler différents.

En ce moment même, vous êtes conduit à décider si ce que vous êtes en train de lire est en accord ou non avec votre nature, parce que choisir est une activité constante de notre conscience.

Lorsque vous vous préparez à lutter contre vos souvenirs, il est évident que vos pensées ne vous permettent pas d'utiliser la loi de l'attraction de façon efficace, mais que c'est le bon moment pour vous immerger facilement dans les eaux cristallines de Ho'oponopono. Après l'avoir fait, vous pourrez reprendre votre voyage avec un fardeau beaucoup plus léger sur les épaules.

Avec Ho'oponopono, vous attirez à nouveau l'objet de vos remerciements. Et en outre vous mettez l'amour à la première place.

Ho'oponopono complète la loi de l'attraction et la loi de l'attraction complète la méthode Ho'oponopono.

En somme, on peut dire que toutes les deux font partie du même « secret ».

Nous les retrouvons d'ailleurs en tant que philosophie unique dans toutes les sagesses ancestrales les plus profondes (Huna, bouddhisme, taoïsme, christianisme des origines, etc.).

Selon les anciens Hawaïens, les problèmes commencent dès que nous pensons.

Mais le problème, ce n'est pas le fait de penser. Le problème, c'est que toutes nos pensées sont imprégnées de souvenirs douloureux (souvenirs de personnes, d'endroits ou de choses) qui se répètent constamment dans notre subconscient. La loi de l'attraction, comme nous avons vu, les qualifie de « croyances limitantes », de « blocages ».

Travaillant seul, notre ego n'est pas en mesure de résoudre ces problèmes, parce que l'intellect ne réussit qu'à les affronter ou à les gérer. Or, gérer des problèmes n'équivaut pas à les résoudre, pour cela, il faut les laisser aller ! La loi de l'attraction nous dit clairement que pour nous libérer des croyances réductrices, nous ne devons pas les affronter ni les combattre. Au contraire, nous devons les accepter, les aimer, puis les laisser aller. Ce n'est que comme cela que nous les verrons ... puff... s'évaporer ! Ho'oponopono est résolument aligné sur cette conduite.

La méthode Ho'oponopono nous enseigne : « Croyances, je vous aime ! Je vous suis reconnaissant pour l'opportunité que vous m'offrez de me libérer de l'énergie négative. » Lorsqu'on la pratique, voilà ce qui se passe : la divinité prend notre pensée douloureuse et la neutralise, elle la purifie. Il ne s'agit pas de purifier une personne, un lieu ou une chose. Il s'agit de neutraliser l'énergie associée à telle personne, à tel lieu ou à telle chose.

La première phase de Ho'oponopono consiste donc à purifier cette énergie négative. Et là, il se produit quelque chose de fantastique. Non seulement l'énergie contraire est neutralisée, mais elle est aussi libérée, relâchée. Il s'ensuit que l'espace qu'elle occupait dans notre intériorité est libre, vide. Cet espace, les bouddhistes l'appellent bien justement le *vide*. Le pas final consiste à consentir à la divinité d'entrer et de remplir ce vide de *pure lumière*.

La loi de l'attraction, elle aussi, dit d'accepter l'inspiration et de la suivre. Si elle prévoit l'action, c'est une action inspirée.

La méthode Ho'oponopono vous enseigne que vous ne devez pas connaître les caractéristiques de votre problème ou de votre erreur et encore moins son origine. Tout ce que vous devez faire, c'est de noter simplement comment votre problème s'est manifesté, physiquement, mentalement ou émotionnellement.

Et que dit la loi de l'attraction pour se libérer des croyances réductrices ? Que faut-il faire ? Mais les déterminer bien sûr !

Sauf qu'avec Ho'oponopono, c'est plus facile parce qu'il n'est pas nécessaire de déterminer vos croyances spécifiquement réductrices, il suffit de vous rendre compte de leurs effets sur votre réalité. Une fois le problème perçu, c'est à vous que revient la responsabilité de commencer à « nettoyer » en disant immédiatement : « Je suis désolé ; pardonne-moi ; merci ; je t'aime » jusqu'à ce que l'énergie soit purifiée.

Ces mots prononcés conjointement à vos intentions constituent la force puissante qui vous permet de passer d'un état d'apathie à un état de joie. En cueillant la force de votre intention, vous pourrez changer votre univers.

En choisissant de penser positif, en essayant de penser positif, constamment, vous pourrez obtenir de surprenants résultats.

Nous sommes tous convaincus que, d'une façon ou d'une autre, notre vie pourrait être meilleure, qu'elle pourrait être différente. C'est une attitude bien humaine. Ce que nous ne savons pas bien reconnaître, c'est notre divinité, ce qu'elle émane, le fait qu'elle s'exprime à travers des intuitions, qu'elle nous fait voir la réalité « réelle ».

Exercez-vous à créer des phrases flexibles comme celles qui suivent :

Je choisis d'être ouvert à la possibilité que mon action (mon désir) est plus facile à mener (à réaliser) que je ne crois.

Je suis la richesse, l'abondance, la prospérité.

Je suis en parfaite santé, je suis l'amour parfait.

Je suis amour, gratitude et joie.

Si je demande, je vais recevoir. À condition de ne rien demander sous forme de commandement, parce qu'en vérité je ne sais pas réellement ce qui vaut mieux pour moi.

Certaines personnes vivent constamment dans un état de pensées positives, comme si cela leur était particulièrement facile. En effet, ces personnes semblent savoir depuis toujours que toutes les possibilités coexistent au même moment dans le même univers, en ce sens que si elles **désirent** une nouvelle auto sportive flamboyante à un moment donné, c'est précisément parce qu'elles **savent** que cette auto leur appartient déjà quelque part, dans quelque dimension, et que donc, de cette dimension, elles reçoivent le message de commencer à désirer cette voiture. Mais, tout près de la version de cette personne avec une nouvelle auto, se trouve une autre version de la même personne sans la moindre possibilité d'en acquérir une.

C'est ainsi que les discours ou les pensées quotidiennes de personnes à succès ne visent qu'à choisir l'une de ces deux possibilités et à vibrer avec elle. Car ces personnes semblent très bien comprendre que tout est déjà créé, que l'Univers est déjà complet, que dans la Création rien ne manque. Elles savent aussi que les deux situations renferment un succès ; en conséquence de quoi, si elles n'obtiennent pas cette auto, elles seront tout aussi contentes parce qu'elles auront accès à un autre monde de possibilités de nature différente.

Il existe aussi un autre genre de personnes ayant grande difficulté à se tenir à l'écart de la souffrance et de la douleur. Ces personnes justifient à elles seules la raison d'être du changement, de la disponibilité au **choix.** Être heureux est la voie la plus rapide pour atteindre un objectif ; c'est l'état d'âme parfait qui accélère tout processus d'attraction consciente.

La loi de l'attraction dit que nous attirons la concrétisation de nos pensées sur la base de notre façon de vibrer et c'est justement à travers notre « nettoyage » que Ho'oponopono nous permet de vibrer à un niveau très élevé.

L'existence nous conduit à faire des choix à tout moment, consciemment ou inconsciemment. Ah, par exemple ! Certaines personnes devraient se décider à choisir d'abandonner leur rôle de victime (… et leur santé n'est pas bonne… et elles n'ont de relation affective stable… et pas d'argent… et pas de sérénité…) pour embrasser enfin le rôle d'une personne qui se veut réellement personne illuminée, déterminée, consciente de son pouvoir intérieur.

Si vous êtes de celles-ci, décidez-vous. Pour ce faire, il suffit de surveiller vos émotions afin de guider sciemment vos pensées et conserver votre énergie pour la transformer en capacité de vous aimer profondément plutôt que de la gaspiller en des péripéties inutiles. Ceci n'est possible que lorsqu'on choisit de penser de façon positive et salutaire.

L'astuce pour y arriver rapidement, c'est de faire vôtre le concept d'effacer constamment et automatiquement vos mémoires, et non pas sporadiquement lorsqu'il vous arrive d'y penser.

En conclusion, s'agissant de ces deux méthodes, il est donc évident que l'une n'exclut pas l'autre. Au contraire. La méthode Ho'oponopono est fantastique pour identifier nos croyances réductrices parce que c'est un véritable outil, une aide pratique, une sorte de formule magique (même si nous savons bien que – pour autant qu'il paraisse – ce dont nous parlons n'a rien à voir avec la magie).

Utiliser cette technique exceptionnelle donne d'excellents résultats même quand nous ne réussissons pas à identifier quelles sont les convictions qui bloquent et sabotent le processus de manifestation de nos désirs. Et qui d'entre nous ne s'est jamais heurté à un tel sabotage ?

Souvent, une juste dose de concentration et un peu d'attention à nos émotions permettent de déterminer ces éléments autosaboteurs (et nous savons qu'une fois identifiés, le plus dur est fait).

Mais ce n'est pas toujours aussi simple et immédiat.

Il arrive parfois que nos convictions réductrices soient si enracinées, si profondes et si camouflées que, malgré tout notre engagement, nous ne réussissons pas à les faire émerger. Dans ce cas, Ho'oponopono peut nous venir en aide très concrètement pour focaliser le fait d'avoir des croyances réductrices, que ce sont elles qui nous empêchent d'obtenir ce que nous désirons, qu'elles nous bloquent et ne nous permettent pas de prendre notre envol. Bien sûr sans que ces prises de conscience fassent problème ! En les prenant comme une caractéristique de notre vie parmi tant d'autres, sans connotation positive ou négative, caractéristique qu'il est toutefois possible d'améliorer.

Avec sérénité et confiance préparez-vous à comprendre quels sont ces blocages que vous avez, puis adressez-vous au divin qui est en vous en prononçant ces mots : « Je suis désolé ; pardonne-moi. »

Et dites ceci :

C'est moi qui ai inconsciemment créé une situation que je ne voulais pas, et j'en suis donc l'unique responsable. J'en suis désolé et je me pardonne pour avoir fait cela : « Merci ; je t'aime ! » D'ailleurs, si je suis l'auteur de mes blocages, j'ai quand même fait quelque chose de bon parce que chaque aspect de ma vie a ses connotations positives, et peut-être que sans m'être heurtée à ces obstacles, j'aurais pu me trouver en difficulté dans d'autres situations.

Oui, ces blocages sont nés à travers mon subconscient, créés vraiment dans un but précis, sûrement pour me défendre de quelque chose, et de toute façon ils ont été créés en toute bonne foi.

Mon subconscient agit toujours pour le mieux de son point de vue.

C'est pourquoi je me remercie pour ce que j'ai fait, ne serait-ce que pour l'expérience que cela m'a procurée. Et puis, bien sûr, je déclare aimer la très spéciale, fantastique et unique personne que je suis !

La phrase à répéter comme un mantra, dans l'ordre que vous désirez, est donc :

JE SUIS DÉSOLÉ ; PARDONNE-MOI ; MERCI ; JE T'AIME.

Ce que nous pouvons vous assurer, c'est que, si grâce à la méthode Ho'oponopono, vous réussissez à vous nettoyer suffisamment pour prendre contact avec votre moi supérieur, grâce à la loi de l'attraction, vous n'aurez pas vraiment de grosses difficultés à réaliser ce que vous voulez.

Pour finir, ci-après voici un exercice pratique qui associe la loi de l'attraction à la méthode Ho'oponopono. Par ailleurs, connaissant la philosophie Huna, il est clair que :

- chacun de nous est lié à son moi supérieur ;
- notre moi supérieur nous aime inconditionnellement ;
- notre moi supérieur nous aide si nous lui adressons une demande spécifique.

C'est notre moi supérieur qui résout nos problèmes inconscients enfouis dans notre subconscient.

Phase 1 - Saisissez bien le projet sur lequel vous êtes en train de travailler (objectif), ce que vous voulez changer. Votre moi supérieur reconnaît les raisons de votre situation et il sait comment y porter remède. Il connaît votre véritable nature et il convient de l'impliquer parce qu'il a une meilleure compréhension des conséquences de chacune de vos actions.

Phase 2 - Affirmez verbalement ce que vous désirez obtenir. Ceci pour effacer les vieux schémas intérieurs et les remplacer par des schémas nouveaux et meilleurs. Afin d'éviter de retomber toujours dans vos vieilles erreurs, il vaut mieux vous en remettre à votre moi supérieur, lequel sait exactement ce qu'il faut faire.
« Je suis désolé ; pardonne-moi ; merci ; je t'aime » …

Phase 3 - Laissez votre moi supérieur faire son travail, laissez-le substituer à votre modèle actuel un modèle plus approprié à votre essence et à votre situation, ce qui va également changer la situation de toutes les parties impliquées dans votre processus.
« Je suis désolé ; pardonne-moi ; merci ; je t'aime » …

Phase 4 - Demandez à être averti lorsque ce processus est terminé. « Je suis désolé ; pardonne-moi ; merci ; je t'aime. » Lorsque vous commencerez à percevoir des retombées positives quant à votre problème, celles-ci seront la confirmation du succès de ce processus.
« Je suis désolé ; pardonne-moi ; merci ; je t'aime » …

En moi fluent librement bien-être, amour,
abondance et gratitude.
Merci ; je t'aime.
Le bien-être et l'amour, l'abondance
et la gratitude me parcourent.
Merci ; je t'aime.
Ils circulent en moi librement.
Merci ; je t'aime.
Ils me débloquent, ils me désagrègent,
ils me défont,
ils me libèrent, ils me vident.
Pardonne-moi ; je suis désolé ; merci ; je t'aime.
Chacune de mes cellules est pénétrée d'amour,
de bien-être, d'abondance et de gratitude.
Je suis envahi par la pure lumière.
... et qu'il en soit ainsi.

Un égoïsme sain
est la plus haute forme
d'altruisme

19.

La résistance de l'état de confort

« Changer, c'est possible.
Il vous suffit de décider quel type de personne vous désirez être ! »

Skipp Ross

Lorsqu'on commence à pratiquer la technique Ho'oponopono, tout comme dans l'approche consciente de la loi de l'attraction, il peut arriver que se produise une sorte de désintoxication. C'est pourquoi au début on peut éprouver un certain malaise, ou même remarquer que les choses empirent. Cette réaction est connue sous l'appellation « résistance de l'état de confort ». C'est une résistance instinctive au changement qui peut se révéler à travers des troubles de type psychosomatique, quand ce n'est pas à travers de véritables troubles physiques. Mais en général, elle se manifeste plutôt à travers une sensation d'angoisse et d'impuissance.

La fameuse résistance de l'état de confort, presque tout le monde l'a expérimentée à quelque moment de sa vie ; peut-être sans la reconnaître.

Et chacun a eu mal au ventre, à la tête, des éruptions sur le visage, ressenti des nausées, de la fatigue, ou autre chose… enfin un peu de tout.

Cet état de résistance se vérifie lorsque l'ego est pris entre deux feux, entre un changement qu'il capte comme étant important (par suite redoutable pour lui) et le combat qu'il commence à livrer pour que ce changement ne se produise pas. Il est vrai que chez l'homme, l'instinct de survie cohabite avec l'instinct de conservation de l'espèce. D'où cet état de résistance. Dommage que parmi nos diverses connaissances, on oublie de citer l'instinct humain de maintenir inchangé notre état de confort !

En d'autres mots, nous avons tous une peur photonique du changement, une sorte de règle : « Ne jamais laisser le connu pour l'inconnu. »

Voici ce que Achille Varzi écrit à ce propos :

« Les choses changent. Ce matin, ma chemise était propre et repassée ; maintenant, elle est sale et froissée. Les bananes qui étaient vertes ont mûri. Et le café dans ma tasse est en train de refroidir. Même moi, je ne suis plus celui de naguère : j'ai vieilli, j'ai perdu beaucoup de cheveux, j'ai complètement renouvelé chaque cellule de mon corps. Pourtant je suis toujours moi, en ce sens fondamental que j'ai conservé mon intégrité, tout comme il est naturel de penser que cette chemise est vraiment celle que j'ai mise à mon réveil et ces bananes sont toujours celles que j'ai achetées hier … »

Qu'il soit clair que notre ego ne nous est pas ennemi, mais qu'il voyage pour son compte personnel. Lui, il veut « être bien » sans se fatiguer et il ne perd aucune occasion de nous en conter, en nous donnant souvent – avec son regard conditionnable, parfois superficiel, jamais vraiment spirituel et quelque peu jean-foutre – une vision fragmentée de l'existence que nous interprétons de façon souvent plaintive et **infructueuse.**

Alors, il nous irrite (physiquement ou mentalement). Pour sauvegarder sa domination et son contrôle afin que nous ne grandissions pas, que nous ne changions en rien !

Dès lors que nous commençons des dizaines de parcours, son influence est typiquement reconnaissable. Nous mettons nos problèmes au premier plan, avant toutes choses, avec une urgence d'être compris et chouchoutés. Ou bien nous nous confions à des thérapeutes, allant de l'un à l'autre, prenant la poudre d'escampette dès que nous comprenons qu'il nous faut assumer la responsabilité de nous-mêmes et d'évoluer coûte que coûte, au lieu de persister indéfiniment à raconter (et à nous raconter) nos difficultés, de séjourner dans nos traumatismes sans vouloir vraiment prendre le départ vers la solution qui nous permettrait de vaincre ce qui nous fait vivre mal.

« Être bien » est beaucoup plus simple que ce que nous croyons et de ce que pense (ou veut nous faire croire) notre partie rationnelle.

Notre ego utilise la peur et nous met sous pression, nous lance des avertissements du genre : « On sait ce qu'on perd, pas ce qu'on trouve. » Notre ego sait bien que si nous prenons un nouveau chemin, il devra bon gré mal gré s'y rallier et qu'il ne pourra plus nous en compter comme il l'a toujours fait. D'ailleurs, vu que non seulement il craint les changements, mais qu'il aime la vie confortable – cela en dépit de la souffrance de nos autres parties (notre moi supérieur et notre subconscient) – lui, en parfait égocentrique ne pense qu'à lui, ou du moins c'est ce qu'il tente de faire...

Il se comporte comme un enfant à éduquer avec beaucoup de délicatesse et de compréhension.

Il s'ensuit inévitablement que le fait de se reposer sur nos habitudes acquises se révèle l'un des plus gros obstacles à notre amélioration ! Nous préférons nous renfermer dans notre routine quotidienne plutôt que de satisfaire nos besoins si ceux-ci nous entraînent hors des chemins battus.

Pourquoi notre principal besoin instinctif consiste-t-il à nous sentir en sécurité et à notre aise ? N'existe-t-il rien de mieux que ce que nous connaissons désormais à fond ? Même si cela nous laisse dans une situation où nous ne nous sentons pas si bien que ça ? Et même si nous ne nous sentons pas bien du tout ? Parcourir la voie connue, sachant maintenant qu'elle ne nous portera jamais où nous désirons, ni même à affronter de grandes entreprises ou des défis de résultat incertain, nous procure pourtant une sensation de protection et nous évite de courir tout risque imprévu. Cette voie nous apparaît donc souvent comme étant l'unique alternative sensée. Mais c'est une sensation de sécurité sournoise, qui freine toute ambition d'amélioration. Car cette tranquillité en l'absence de risques finit souvent par se transformer en un état d'apathie.

Ce n'est que lorsque la chaîne de nos habitudes acquises nous provoque une forte douleur, une douleur sérieuse, dure à supporter, ne nous laissant aucune issue si ce n'est celle de l'affronter franchement, que nous sommes vraiment stimulés à les modifier.

Atteindre des niveaux insupportables de souffrance et de frustration pour enfin réussir à nous améliorer, quelle tristesse et quelle stupidité !

Le fait est que, partant de l'intime conviction que nous sommes absolument incapables d'atteindre un objectif, tenter quoi que ce soit nous apparaît comme absolument inutile !

Aïe ! En validant et en renforçant cette conviction de ne pas y arriver, la faillite est garantie !

Mais c'est aussi le moment où ne peut manquer de se déclencher, et de bondir tel un ressort, l'envie de réussir à tout prix et de trouver la force que nous avons tous en nous pour réagir.

Alors, avant toute chose, pas de souci, parce que tout est normal, qu'il n'y a rien de grave ni de non modifiable ! Nous ne devons pas prendre ces réactions trop sérieusement, ni nous en effrayer, mais seulement persévérer en douceur, en prenant nos distances d'avec nous-mêmes, en nous regardant d'en haut, et en nous pardonnant ces tentatives de dérobade, sachant que le but principal de ces malaises n'est autre que celui de nous laisser dans un état de renoncement.

Aimons-nous encore plus pour cette autre grandiose opportunité de nettoyage.

Il est vrai, et cela arrive souvent, qu'au début nous pouvons trébucher et que notre intention subit des hauts et des bas. Le quotidien nous écrase fréquemment de ses lourdeurs. Et notre ego, attaché à son état de confort, se sert amplement de cette justification.

Ce dont nous devons finir par nous persuader, c'est qu'en fait, c'est encore et toujours nous qui permettons au quotidien de nous écraser.

Il est sûr et certain que si nous nous laissons dominer par nos habitudes et nos mémoires, nous serons rapidement réabsorbés par nos schémas habituels et nous lutterons en créant (nous en créons continuellement) des situations vraiment antipathiques.

Alors miroir qui se reflète dans un miroir, il nous restera peu de marge de manœuvre.

Mais si chaque jour nous procédons au « nettoyage » avec confiance et diligence (ou plus, avec passion, pour travailler avec notre cœur et activer l'émanation qui lui est propre), nous remarquerons presque instantanément des changements qui flueront hors de nous vers l'extérieur, vers les choses, les gens, les situations.

Cela, il faut l'expérimenter, il faut le pratiquer, il faut l'appliquer le plus possible.

Le « nettoyage » signifie se débarrasser, ici et maintenant, de nos pensées-obstacles (souvenirs, mémoires, peurs, confrontations). Entretemps, il faut que notre esprit évite de faire des rapports d'évaluation en réutilisant les vieilles mémoires ou celles que nous créons à chaque instant.

« *La Paix commence à partir de vous* »
Voilà des mots qui devraient passer de bouche à oreille, et faire de ce titre un véritable postulat !

JE SUIS DÉSOLÉ ; PARDONNE-MOI ; MERCI ; JE T'AIME.

Vu comme ça, ce mantra semble facile à répéter. Et pourtant, parfois il n'en est rien.

Nous avons peur.

C'est la peur comme toujours qui fiche tout en l'air !

> *« La roue de notre Histoire a toujours tourné autour de deux axes qui se croisent : la peur du nouveau et le courage de l'explorer. À propos des célèbres Colonnes d'Hercule, Thucydide, historien athénien, affirmait qu'au-delà de cette limite, les navires risquaient "de tomber du bord du monde", donc personne n'osait s'y aventurer. Christophe Colomb, en incarnant l'archétype du héros, décida de passer à l'action et partit à la découverte du Nouveau Monde.*
>
> *Chacun de nous est appelé à être le timonier qui gouverne le voilier de sa vie dans un océan de changements et de transformations*[22]. »

22 Réf. : *La psicologia del cambiamento* (« La psychologie du changement ») de Stefano Greco.

De nombreuses personnes nous ont raconté – témoignages qui confirment tout ce que nous venons de dire – qu'au début, la pratique Ho'oponopono n'apportait rien de positif, car à l'improviste il leur a semblé que tout allait moins bien, et même parfois que tout allait à vau-l'eau plus qu'avant. Il s'agissait très sûrement d'une réaction au nettoyage intérieur, à la désintoxication de poisons quotidiens, et à cette fameuse terreur de changer, d'aller vers quelque chose d'inconnu.

C'est la raison pour laquelle, au début, vous pouvez remarquer que des choses négatives peuvent se produire.

Durant cette phase, efforcez-vous d'associer au mantra des sensations de gratitude et d'amour envers nous-mêmes pour potentialiser le processus. Ce n'est pas facile, c'est vrai ! Alors si vous ne réussissez pas à faire cette association, continuez à réciter le mantra de façon automatique, il reste quand même efficace. Et si vous continuez à pratiquer Ho'oponopono avec constance, conviction et persévérance, les résultats ne tarderont pas à arriver.

C'est petit à petit, presque sans vous en rendre compte, que des choses apparemment incroyables vont commencer à se produire.

De toute façon, ne vous préoccupez pas trop de ce type de réaction pendant que vous récitez le mantra de Ho'oponopono. Tâchez de vous concentrer sur les mots et laissez aller toutes vos pensées.

Au cours de la répétition du mantra « JE SUIS DÉSOLÉ ; PARDONNE-MOI ; MERCI ; JE T'AIME », vous pouvez aussi accroître son pouvoir en effectuant une série de visualisations au rythme de votre respiration. Choisissez de visualiser ce qui peut vous aider à vous connecter à votre moi supérieur, par exemple une lumière blanche, qui vous nettoie de toutes vos vibrations négatives, de vos mémoires, de vos blocages – les vôtres et ceux des personnes qui font partie de votre vie.

Il est important que chaque pratiquant adapte la méthode à sa personnalité et à ce qu'il « sent ». Apprenez à prendre un peu de temps pour vous-même. À plusieurs reprises durant la journée si cela vous est possible. Ce n'est pas capital, mais il est bien de se détacher des problèmes quotidiens quelques petites minutes de temps à autre.

Consacrer du temps à nous-mêmes veut dire nous aimer. Si nous nous aimons, nous réfléchissons de l'amour pour les autres, c'est comme ça que nous arrive ce que nous désirons.

Un égoïsme sain est la plus haute forme d'altruisme !

Paulo Coelho écrit :

> « *Aussi le guerrier prend-il plus de risques que les autres. Il cherche sans répit l'amour de quelqu'un – même si cela implique d'entendre souvent le mot "non", de rentrer chez soi vaincu, de se sentir rejeté corps et âme.*
> *Un guerrier ne se laisse pas effrayer quand il cherche ce dont il a besoin…*[23] »

23 Réf. : *Manuel du guerrier de la lumière*, de Paolo Coelho, p. 78, Éd. Anne Carrière, Paris, 1998.

Le courant des énergies salutaires me traverse.
Pardonne-moi ; je suis désolé ; merci ; je t'aime.
Mon canal se libère des blocages, des croyances,
et des mémoires réductrices.
Pardonne-moi ; je suis désolé.
Le flux d'amour et de gratitude
débloque, rectifie, assainit, guérit, répare.
Il remet les choses à leur juste place.
Merci ; je t'aime.
La source d'amour remplit mon être
de pure lumière
et se propage dans mon intériorité,
et guérit ma réalité.
Pardonne-moi ; je suis désolé ; merci ; je t'aime.
Merci ; je t'aime.

20.

De la faute et du péché

Désormais, plus de doutes, notre intellect (notre ego) ne dispose pas de ressources suffisantes aptes à résoudre nos problèmes tout seul ; il peut les affronter, mais ne peut pas les résoudre définitivement. Or, affronter les problèmes ne signifie pas pour autant les résoudre, cela nous expose le plus souvent à un gaspillage d'énergies précieuses qui risque d'alimenter ultérieurement ceux-ci.

En pratiquant Ho'oponopono, nous demandons à Dieu, à la divinité, qu'elle nettoie et purifie leur origine (souvenirs, mémoires). C'est ainsi qu'est neutralisée l'énergie qui est en nous, qui en est la source et qui est associée à certaines personnes, certains lieux ou certaines choses. Durant le processus de Ho'oponopono, cette énergie est débloquée et transmuée en pure lumière à travers l'intervention de la divinité. Et enfin, cet espace, occupé par les mémoires effacées et désormais disponible, se remplit de lumière divine (inspiration).

C'est pourquoi la philosophie de Ho'oponopono ne contemple ni la faute ni le péché. Ces concepts n'y existent pas. Ce sont des concepts culturels et religieux typiquement occidentaux. Revivre des souffrances expiatoires, connaître le pourquoi du problème ou son origine, ce n'est pas nécessaire. Pour ne pas dire que cela ne sert à rien.

Nous nous mouvons entre peur et espérance. C'est humain. Quelquefois nous nous réveillons remplis d'énergies positives, et d'autres fois nous n'avons pas le moindre désir de tenter quoi que ce soit de nouveau. Ceci fait partie de la « loi du rythme ».

Si donc nous avons la sensation que le monde est en train de s'écrouler ou qu'il est devenu fou, rappelons-nous cette « loi du rythme ». Elle signifie que tout l'Univers a un cycle, que tout ce qui monte finit par redescendre. Autrement dit, cela nous permet de comprendre qu'on ne peut pas être toujours triste et mélancolique, et qu'accepter les rythmes de notre être facilite notre vie quotidienne.

La douleur est un piège pour l'âme, car la douleur n'est pas réelle. La douleur n'existe pas. La seule chose qui est réelle, c'est notre interprétation de tout ce qui se passe dans notre vie. Voilà pourquoi une situation, qui pour beaucoup est source de tristesse, de deuil et de larmes, est à fêter pour d'autres.

En conséquence, il est important que votre conviction-intention soit inconditionnée.

Car seul un état non conditionné vous permet de trouver les mots justes pour continuer votre travail intérieur.

Lorsque vous dites « **je suis désolé** », vous reconnaissez et vous acceptez que quelque chose – savoir quoi importe peu – s'est inséré dans votre système corps/esprit. Automatiquement, vous endossez la responsabilité de la manifestation de ce quelque chose qui fait problème, mais vous n'en êtes pas fautif pour autant. Ce que vous demandez, c'est le pardon intérieur pour ce qui l'a provoqué et non pas pour une quelconque culpabilité de votre part.

Lorsque vous dites « **pardonne-moi** », vous ne demandez pas à Dieu de vous pardonner, mais vous lui demandez de vous aider à faire de sorte que vous vous pardonniez vous – cela pour le fait que vous avez reconnu être de toute façon responsable de ce qui fait problème. Le Dieu, juge de l'homme pécheur, n'existe pas, et en vérité l'homme pécheur n'existe vraiment pas du tout non plus. Dieu en tant qu'entité extérieure ne juge personne, parce que nous sommes en train de parler ici d'un Dieu intérieur, qui est présent, qui est la véritable essence de chaque homme.

Lorsque vous dites « **merci** » ou « je suis reconnaissant » ou « créé à l'image et la ressemblance de Dieu », vous exprimez votre gratitude, votre confiance, en une résolution qui sera la meilleure pour toutes les personnes concernées par votre problème ; c'est aussi votre déclaration de gratitude envers vous-même pour tout ce que vous avez fait de bon jusqu'à présent ; et même pour tout ce que vous avez fait en général car ce qui ne semble pas bon en réalité n'est autre qu'une opportunité de croissance et de nouveau « nettoyage ».

Lorsque vous dites « **je t'aime** », vous faites une déclaration d'amour à vous-même, pour l'être merveilleux et puissant que vous êtes, une déclaration qui transmue l'énergie bloquée (le problème) en énergie fluide, laquelle retourne au divin pour s'unir à lui. C'est comme si vous vous disiez que ce que vous avez fait

– pour terrible et abominable que ce soit ; ou pour méprisable que soit ce que vous avez pensé – n'a pas d'importance.

Ce qui est arrivé a été déterminé par une série de synchronies qui ont touché votre vie et celle des autres. Les mémoires que vous partagiez avec les autres vous ont porté à faire des choix, et vu les prémisses, il ne vous aurait pas été possible d'agir différemment. Les expériences que vous avez vécues étaient nécessaires à vous mener à votre devenir actuel, à ce que vous êtes maintenant. Par suite, vous êtes responsable de tout, mais encore une fois vous n'êtes coupable de rien.

Donc, déclarez ceci :

« Je m'aime et je m'approuve » ; « merci ».

« Je suis moi-même sans réserves » ; « je peux me pardonner » ; « je suis innocent, mais responsable ».

Le concept de péché n'existe pas et encore moins celui de jugement et de punition.

Dieu ne juge personne.

L'amour pur ne prévoit pas de jugement.

L'amour ne voit que l'amour.

Étant amour, et nous ayant dotés dudit *libre arbitre*, la divine intelligence (notre moi supérieur ; Dieu) ne peut s'ériger en juge, ceci non pas parce que non omnipotente, mais du fait que sa nature ne prend pas le jugement en considération.

Du reste, le concept de *péché* est une création culturelle, probablement liée à la tradition judaïque/chrétienne/musulmane (à la Bible peut-être ?). Dieu nous aime et nous accueille en lui sans nous juger, sans même l'ombre d'une quelconque tolérance – l'amour ne prévoyant pas de jugement, l'idée de tolérance perd tout son sens.

Cette culture de la faute et du péché a produit l'image d'un Dieu juge suprême avec celle du Jugement dernier universel. Tout cet enchaînement de conceptions humaines aberrantes nous jette dans un état de peur incessante. Du moment que nous ne choisissons pas la chose juste au moment juste, nous nous sentons inadéquats, incorrects, coupables.

La chose juste pour qui ? Selon quel critère ? En vertu de quelle vérité ?

> *« Halte-là, au nom de la loi ! De quelle loi, celle du loup ou celle du troupeau ?*
> *Halte-là, au nom de Dieu ! De quel Dieu, du tien ou du mien ? »*
>
> Jovanotti[24]

L'idée que la chose juste à faire soit celle que nous sommes en train de faire, pour la simple raison qu'il n'existe aucune disparité entre une « chose juste » et une « chose non juste » a été complètement perdue de vue. Encore une fois, ce n'est qu'une question de points de vue et d'attitudes mentales.

Si l'on s'en remet à la technique de Ho'oponopono, on profite d'un guide, celui de la pure lumière. Par conséquent, on

24 Jovanotti, pseudonyme de Lorenzo Costantino Cherubini, célèbre auteur-compositeur italien. (N.d.T.)

réussit à faire les meilleurs choix, pour nous et notre entourage, cela sans les qualifier de non justes ou d'incorrects et sans nous sentir ni coupables ni innocents. Toutefois il ne nous est pas facile de capter cette évidence à cause de la dualité qui nous divise et du système de séparation qui imprègne la réalité que nous vivons.

Nous sommes habitués à penser que, si une chose est juste, son contraire ne peut qu'être erroné. Il s'ensuit que nous jugeons le bien par opposition à ce qui est dit être mal.

Dépasser le jugement, dépasser la dualité et la séparation, à travers la prise de conscience de faire partie de l'UN, voilà la voie du bonheur, de la liberté d'être toujours et inéluctablement nous-mêmes, dans notre véritable essence, détachés de notre ego et de son besoin individualiste.

Plus nous nous sentons objet de jugement, plus nous sommes portés à juger ! Moins le jugement nous conditionne, plus nous sommes purifiés, plus nous nous réalisons, plus nous nous enrichissons de la diversité d'autrui, et plus nous sommes respectueux et reconnaissants pour cette multiplicité qui nous environne…

La suspension du jugement est le chemin qui mène à la prise de conscience et à l'alignement définitif de nos trois « soi ». On a alors le sentiment de faire vraiment partie de l'UN ; juger devient impensable et impossible puisque nous sommes responsables de tout ; juger quelqu'un n'équivaudrait qu'à juger la partie de notre intériorité dont ce quelqu'un est le reflet. En outre, on prend conscience de notre perfection et de celles des autres, lesquels font partie de nous comme nous faisons partie de l'UN dans cet Univers holographique. En effet, tout ce qui nous entoure nous reflète, tout parle de nous. Le monde extérieur nous offre tout ce que nous voulons savoir sur nous-mêmes.

Et si nous sommes responsables à cent pour cent de notre réalité et des personnes que nous croisons chemin faisant, comment pouvons-nous juger les autres sans nous juger nous-mêmes ? Et quel sens cela pourrait-il avoir du moment que nous sommes une partie holographique de l'UN parfait ? Dès lors, tout ce qui se produit est déterminé par la divinité, nous pouvons être inspirés à accomplir une action ou à ne pas l'accomplir.

Des doutes ?

Si vous continuez à avoir des doutes, poursuivez le processus de nettoyage ; lorsque vous serez parfaitement nettoyé, vous recevrez toutes les réponses à vos doutes…

Redites-vous que préoccupations et sentiment de culpabilité ne sont que des souvenirs récurrents, que l'âme peut être inspirée par la divine intelligence sans se rendre compte de ce qui se passe ! Une seule précondition est requise afin que vous receviez l'inspiration, pour que vous profitiez de la créativité divine : celle que votre « soi » coïncide avec votre véritable identité.

Or, vous savez que l'identité de soi demande un nettoyage constant de vos souvenirs. Ceux-ci sont les compagnons fidèles et inséparables de votre subconscient. Ils ne le quittent jamais pour aller en vacances. Ils ne le laissent jamais prendre sa retraite. Les souvenirs ne cessent jamais de renaître sans fin.

Trop souvent, la méthode Ho'oponopono est pratiquée dans le but de changer les autres, de changer les situations, les choses, les lieux. Or pour le divin, la propreté ne les concerne pas, elle vous concerne vous. Vous et vos pensées chargées de souvenirs douloureux qui vous font croire que les autres SONT votre problème. Non, la propreté doit advenir en vous… le travail se déroule avec vous… Mais puisque vos souvenirs sont partagés, leur purification englobera le TOUT.

Il est essentiel que vous compreniez que lorsque votre problème semble se rapporter à une personne, en réalité celle-ci n'est que le reflet d'un souvenir emmagasiné dans votre subconscient, lequel s'exprime à travers le lien/problème ou le lien/personne. Le problème n'est pas la personne, mais bien vos pensées qui la concernent ou qui concernent la situation qui s'est créée.

Même si vous n'en êtes pas conscient, des liens semblables sont projetés à tout instant sur l'écran de votre réalité.

Ho'oponopono vous apporte la possibilité de prendre à cent pour cent la responsabilité de tout ce qui vous préoccupe quant à personnes, situations, lieux, et vous fournit donc les outils aptes à effacer les souvenirs qui vous procurent désagrément, douleur, désespoir.

Ho'oponopono, c'est mettre en marche la divinité, laquelle prend votre pensée douloureuse, la neutralise et la purifie. Cela ne signifie pas neutraliser ou purifier une personne, un lieu, une situation ou une chose. Ce qui est neutralisé, c'est l'énergie associée à la personne, au lieu, à la situation ou à la chose. En conséquence, la première phase de la technique de Ho'oponopono, c'est la purification de cette énergie.

Ce qui vous empêche d'avoir une vie gratifiante où exercer vos talents et jouir de tout le bonheur qui dérive de la réalisation de votre finalité divine, sans effort et avec légèreté, c'est le fait que vous êtes prisonnier du passé, lié à lui par tous les souvenirs que vous avez créés durant votre existence… Naturellement, ce statu quo ne vous aide pas à nettoyer ce qui vous lie au passé, mais vous porte tout droit à continuer à créer, dans le présent, les mêmes modèles qui produiront toujours les mêmes vieilles histoires.

Alors, annulez ces liens afin de réaliser le projet de votre naissance.

Et prenez garde à ce que vous êtes en train de créer dans votre présent.

Et n'oubliez pas que vous avez la superbe possibilité de « nettoyer » toutes ces pénibles mémoires qui persistent à vous tenir lié aux sempiternels stéréotypes.

Pour commencer maintenant une nouvelle vie…

Pas de sentiment de culpabilité... aucune peur... davantage de lumière…

Rien que conscience et amour ! Totalement !

Tout ce qui se passe
dans notre vie
se produit
parce que nous
le permettons

21.

La voie la plus facile[25]

Nous avons vu que Ho'oponopono est une ancienne technique hawaïenne qui permet de « corriger les erreurs » et, à travers l'amour, la gratitude et le pardon, de réduire à zéro l'énergie de ces erreurs qui provoquent déséquilibre et maladie, et donc l'énergie du raisonnement-douleur.

Entrons maintenant dans le vif du sujet de cette puissante technique, en tâchant de la comprendre à fond et de la faire nôtre.

Rappelons qu'elle se base sur les conditions suivantes :

1. Accepter la responsabilité de ce qui arrive à 100 %.
2. Ne pas utiliser la pensée rationnelle.
3. Être disposé au « laisser aller ».

Tout ce qui se passe dans notre vie se produit parce que nous le permettons. Parfois nous le voulons vraiment parce que nous en avons besoin. Donc on peut dire que nous le créons.

Avec l'aide de la technique Ho'oponopono, nous pouvons éviter certaines difficultés ; quant à celles que nous ne réussissons

25 Réf. : Mabel Katz, *La voie la plus facile*, Éditions Dauphin blanc, 2010.

pas à éviter, nous pouvons en limiter la gravité ou les résoudre. Tout ceci sans obligation de dépenser la moindre énergie pour comprendre comment, où et pourquoi.

Cette technique est une sorte de demande à réponse automatique.

Ce qui compte, c'est de savoir ce que nous sommes en train de faire. Et de savoir dans quelle intention, toutefois ceci n'est pas vraiment indispensable.

À travers cette technique, nous corrigeons les erreurs que nous avons commises nous-mêmes, peut-être sans en être conscients … Ou peut-être en en étant conscients ! Ceci n'a pas grande importance non plus.

Et c'est encore nous qui « réparons les choses » en utilisant notre énergie divine, à laquelle nous permettons de rectifier notre réalité.

Sans attentes, sans suggestions, rien qu'avec une confiance totale.

Le moi conscient identifie le problème, le transmet au subconscient qui le passe au superconscient, lequel va y remédier avec l'aide de l'intelligence divine suprême puisque tous les deux sont toujours en contact. La rectification se produit à travers l'élimination des mémoires présentes dans les archives du subconscient, la répétition desquelles est responsable de la manifestation de l'erreur.

La pensée rationnelle n'a pas à intervenir, ni à suggérer ni à agir. Le moi conscient donne l'input puis observe, reste à l'écoute, dans l'attente d'éventuelles instructions (inspirations). Afin que cette technique fonctionne, nous devons nous « nettoyer » et rester centrés le plus possible, jusqu'à ce que notre enfant intérieur revive et que cette attitude devienne automatique.

Quand nous appliquons Ho'oponopono pour résoudre un problème, le subconscient qui a créé le problème se réinitialise, efface les croyances qui ont engendré l'erreur et redémarre.

Ce qui est extraordinaire, c'est que ce nettoyage ne concerne pas que les souvenirs que nous pouvons évoquer de façon consciente, mais concerne vraiment toutes les archives de notre subconscient, c'est-à-dire les croyances de toute une vie, des vies passées et de toutes les mémoires ancestrales qui caractérisent la partie submergée de l'iceberg et qui constituent souvent les croyances réductrices les plus enracinées et difficiles à identifier.

Mabel Katz synthétise tout ceci très simplement dans son livre *El camino mas facil.*

L'idée de base sur laquelle elle insiste, c'est la simplicité. Si un processus se présente comme difficile, cela veut dire qu'il y a quelque chose à modifier.

C'est la raison pour laquelle elle ne nous présente ni instruments, ni méthodologies. Tout est extrêmement simple. Tout instrument comme tout parcours, quel qu'il soit, est approprié, l'important c'est qu'il soit perçu dans une optique de simplicité par le pratiquant.

Mabel Katz nous raconte, dans un style très fluide, comment Ho'oponopono est entré très naturellement dans sa vie, en transformant un parcours impraticable et ardu en un chemin vraiment facile.

Elle affirme que sa rencontre avec cette technique hawaïenne a complètement transformé sa vie. Par ailleurs, elle soutient très explicitement qu'appliquée avec constance, confiance et pratique, elle peut transformer la vie de quiconque.

Pratiquer sans cesse le « nettoyage » est devenu peu à peu la principale activité de sa vie et elle nous exhorte à faire de même.

À travers le récit d'épisodes passionnants, vécus personnellement par Mabel, mais aussi d'anecdotes et de paraboles, elle nous présente la technique qui lui a donné la force de prendre la responsabilité de sa vie à cent pour cent et qui a aplani son cheminement existentiel.

À travers son expérience directe de pratiquante et d'enseignante, dans ce précieux petit livre, l'auteure expose les bases de la technique hawaïenne de façon concise, claire, et très facile à suivre, comme il se doit quand on parle d'une technique dont la simplicité est la principale caractéristique et comme le préannonce son titre original *El camino mas facil.* En effet, Mabel Katz réussit à maintenir les enseignements de Ho'oponopono sur un niveau très simple, de grande compréhensibilité, comme doit être tout ce qui concerne cette technique, tant et si bien qu'il n'est pas nécessaire de l'approfondir – sauf peut-être pour renforcer l'union esprit conscient/subconscient et porter ceux-ci à un alignement plus facile, mais ce n'est pas impératif.

Des citations de personnages célèbres sont également disséminées tout au long de son texte, en confirmant la réelle universalité des idées qu'elle y expose et de cette technique en particulier.

« Merci » et « je t'aime » sont les deux mots que Mabel Katz suggère d'utiliser, et elle s'attache à nous en montrer tout le pouvoir dans une sorte d'historique de leur utilisation à partir des connaissances les plus anciennes.

La vie a été pensée facile, et si elle est difficile, c'est nous qui en sommes responsables !

La technique Ho'oponopono est la voie la plus facile pour restituer à notre vie sa fluidité. Mabel Katz concentre en une centaine de pages l'essentiel de cette technique hawaïenne, et en même temps, à notre avis, également l'essentiel de la vie humaine. Elle ne s'attarde ni en approfondissements, ni en explications, ni en recherches particulières, mais se limite à présenter la technique. Tout simplement par ce que la technique est simple ! Et elle ne manque pas l'occasion de répéter que tout consiste à « faire ».

Pratique et responsabilité suffisent !

Et qu'il en soit ainsi !

Nous guérir
et nous aimer
est la meilleure
et la plus simple façon
de guérir et d'aimer
le monde entier

22.

Le côté technique de la méthode Ho'oponopono

Le processus de Ho'oponopono sous-tend la pleine participation de chacun des quatre éléments de l'identité de soi : la divine intelligence, le moi supérieur, l'ego et le subconscient. Il les fait travailler comme une entité unique (UN), formant une équipe omnipotente.

Chaque élément a son rôle spécifique dans la résolution du problème des mémoires récurrentes qui habitent le subconscient.

Le moi supérieur est une entité sans souvenirs, non concernée par ces mémoires ; il est constamment en rapport avec la divine intelligence et il est fait de la même substance. Donc la divine intelligence et le moi supérieur se meuvent dans le même sens.

De son côté, l'ego fonctionne avec l'inspiration, ou avec l'intuition qui dérive des expériences, et donc des mémoires. Seule l'une de celles-ci, l'intuition ou l'inspiration, peut prendre les commandes du subconscient à un moment donné.

L'âme de l'identité de soi n'est au service que d'un seul patron à la fois. Elle choisit en général l'épine de la mémoire plutôt que la rose de l'inspiration.

Le vide (ce qui reste une fois les mémoires nettoyées) est le terrain commun, le niveleur des identités de soi. C'est le fondement indestructible et éternel du cosmos tout entier, visible et invisible.

Les mémoires récurrentes remplissent le vide de l'identité de soi en barrant la route à la manifestation de l'inspiration.

Pour remédier à cet obstacle, pour rétablir l'équilibre, les mémoires doivent être transmuées par la divine intelligence, reformant ainsi le vide.

Lorsque l'ego met en marche le processus de Ho'oponopono, il peut soit laisser aller les mémoires, soit utiliser celles-ci pour formuler ses propres pensées et prendre ses propres décisions (libre arbitre).

De toute façon, c'est notre ego qui active le processus de résolution du problème lorsqu'il décide d'adopter la méthode Ho'oponopono. C'est lui qui donne le feu vert en lançant une invocation à la divine intelligence, la priant de transmuer les mémoires. C'est lui qui reconnaît le problème, et qui admet qu'il est causé par les mémoires qui se répètent dans notre subconscient. C'est lui qui admet être responsable à cent pour cent de ce problème. L'invocation a lieu dans « le bas », partant de l'ego vers le subconscient.

L'invocation arrive donc dans le subconscient où elle prépare calmement les mémoires à leur transmutation. Puis l'invocation flue vers le haut en direction du moi supérieur qui contrôle la demande en effectuant les changements appropriés. Étant constamment en syntonie avec la divine intelligence, le moi supérieur a la capacité de procéder aux modifications les plus appropriées. L'invocation est donc envoyée vers la divine intelligence pour une révision finale et ses conclusions.

Une fois que la prière lui a été adressée par le moi supérieur, la divine intelligence renvoie l'énergie transmuée. Cette énergie flue du moi supérieur à l'ego, puis poursuit son chemin vers le bas, de l'ego au subconscient.

Cette nouvelle énergie neutralise tout d'abord les mémoires relatives au problème, qui sont finalement anéanties, en laissant un vide.

Voilà en détail comment se déroule le processus de Ho'oponopono, ceci dans un souci de précision, bien que sa compréhension ne soit absolument pas réductrice.

C'est une transmutation que vous pouvez pratiquement obtenir en trois phases :

1. En vous adressant un sentiment de gratitude, pour tout ce qu'il y a de beau dans votre vie et dans toute situation, même la plus terrible, parce qu'il y a toujours de quoi être reconnaissant, ne serait-ce que pour l'opportunité d'amélioration qui vous arrive. De toute façon, remerciez-vous pour le pouvoir créateur qui est en vous.
2. En vous demandant pardon pour tout ce qu'il y a de laid dans votre existence (pardonnez-vous pour avoir permis

que ces choses se matérialisent) et promettez-vous de ne plus le permettre à l'avenir. Tout le bien, tout le mal dépendent de votre création et de votre volonté de les qualifier ainsi. Vous pouvez maîtriser consciemment tout ceci en exprimant simplement votre gratitude et votre pardon.

3. Enfin, en déclarant vous aimer pour ce que vous êtes, car parmi les personnes qui peuplent l'Univers vous êtes celle qui mérite le plus d'amour !

Il est important que vous sachiez aussi reconnaître quelle vibration se transmet lorsque vous prononcez ces mots afin de pratiquer Ho'oponopono de façon consciente.

- « Je suis désolé », parce que le problème qui s'est révélé ou qui est en train de se manifester vous consterne et vous cause malaise, tristesse, anxiété, angoisse, peur, douleur, désespoir, ou toute autre sensation désagréable.
- « Pardonne-moi » ou « excuse-moi » parce que vous voulez vous pardonner vous-même pour avoir blessé quelqu'un sans le savoir (ou en le sachant). Vous êtes responsable, mais non coupable (nous ne nous lasserons jamais de vous le répéter).
- « Je t'aime », parce qu'en invoquant l'amour, vous guérissez votre monde intérieur (et le monde entier) au moyen du sentiment le plus altruiste qui soit et qui s'adresse à vous-même.
- « Merci », parce que vous reconnaissez que cette situation est arrivée dans votre réalité afin que vous ayez l'opportunité d'éliminer les mémoires, sources de votre problème.

Rappelez-vous toujours que ces mots que vous prononcez et ces attitudes que vous adoptez, vous ne les assumez pas vis-à-vis de l'autre, mais vis-à-vis de cette partie de vous que l'autre reflète.

Ce procédé vous permet d'éclairer vos parties obscures dans une élévation de votre énergie, et crée les bases du changement.

Voilà pourquoi *ho'oponopono* en hawaïen signifie « mettre les choses à leur juste place ». Nous, à notre tour, nous pouvons le traduire par « réparer les ruptures ».

MERCI ; PARDONNE-MOI ; JE SUIS DÉSOLÉ ; JE T'AIME.

Répétez ceci :

« Je suis désolé », « excuse-moi » ou « pardonne-moi », parce que je me suis trompé. Je ne voulais pas de ça dans ma vie. De toute façon, maintenant je ne le veux plus et je veux le changer. Je dis « merci » malgré tout, car même cet aspect-là de ma vie a un sens et son côté positif. Et pour un final grandiose, je me dis « je t'aime », parce que je suis un être spécial et merveilleux, apte à tout mettre à sa juste place !

Nous guérir et nous aimer est la meilleure et la plus simple façon de guérir et d'aimer le monde entier.

Repentir, pardon, amour, gratitude sont des énergies très puissantes que nous nous adressons, capables de modifier définitivement notre monde intérieur et la réalité matérielle qui nous entoure.

Lorsque nous éprouvons ces sentiments, prenons-en bien conscience afin de diriger ces énergies créatrices vers nos objectifs.

Cette technique fonctionne toujours, qu'on le croit ou non. Le mot « merci », nous pouvons le prononcer même en serrant les dents et, paradoxalement, même lorsque nous sommes en colère. Il fonctionne de toute façon car il élimine le processus de la colère ou du jugement, et il nous sort automatiquement de cet état d'agressivité.

Même si nous ne comprenons pas comment il fonctionne, nous devrons accepter le fait qu'il fonctionne efficacement lorsque nous nous apercevrons que le problème auquel nous l'avons appliqué s'est dissipé ! C'est la seule chose que nous devons faire.

Il n'est pas important de répéter exactement ces mots, toujours tous ensemble ou dans un ordre déterminé. Ce qui compte, c'est utiliser la méthode Ho'oponopono consciemment.

Cinzia Vecchi nous dit :

> *« La plupart du temps, je ne répète que le "**je t'aime**" au lieu de répéter tous les mots, parce que la sensation d'amour et d'ouverture que j'éprouve est plus immédiate et plus puissante. »*

Voyons comment tous les principes de la philosophie Huna, de la loi de l'attraction, des anciennes traditions – bouddhisme (en particulier bouddhisme de Nichiren), christianisme (en particulier l'Évangile selon Thomas), etc. – s'unifient et trouvent un fil conducteur dans cette irrésistible technique.

Aussi incroyable que cela puisse paraître, avec cette méthode nous pourrions redresser tout ce qui ne va pas, pour tout le monde, parce que tout ce que nous connaissons fait partie de notre réalité, que c'est notre responsabilité si cela s'est manifesté, et qu'à travers la technique de Ho'oponopono, nous sommes en mesure de modifier notre réalité.

Un exemple : si une personne veut et a besoin de maigrir (un besoin même purement psychologique), bien que sa force de volonté soit au top et qu'ainsi elle réussisse, elle continue toutefois à vivre dans un état d'affliction, de tension, dû à la peur de grossir à nouveau. Même si effectivement elle réussit à perdre du poids, un tel état d'âme ne peut certainement pas être défini comme serein.

Il en va de même pour une personne qui voudrait arrêter de fumer, ou sortir de n'importe quelle autre addiction négative.

Se purifier des sentiments d'anxiété, de besoin, de manque, de tension, d'inaptitude, etc. entraîne l'élimination du programme interne, archivé dans l'esprit inconscient, véritable responsable d'un surpoids ou d'une accoutumance à la cigarette.

Mais pour obtenir de tels résultats, il ne faut pas procéder au « nettoyage » en visualisant une perte de poids ou un dégoût de la cigarette, ou la caractéristique du dérèglement. Il faut simplement demander à la divinité qu'elle nettoie le sentiment gênant relatif à cette situation, à cette habitude, à ce dérèglement.

En somme, la seule chose à faire, comme toujours dans la pratique de Ho'oponopono, c'est de déterminer le problème et de faire confiance au divin en lui donnant carte blanche.

Le secret, c'est de répéter continuellement :

MERCI ; PARDONNE-MOI ; JE SUIS DÉSOLÉ ; JE T'AIME.

Prenez les rênes de votre vie, tenez-les fermement, et embellissez-la ! Utilisez ce puissant mantra pour redresser tout qui ne va pas : relations, situations, événements…

JE SUIS DÉSOLÉ ; PARDONNE-MOI ; MERCI ; JE T'AIME.
PARDONNE-MOI ; MERCI ; JE SUIS DÉSOLÉ ; JE T'AIME.
JE T'AIME ; PARDONNE-MOI ; JE SUIS DÉSOLÉ ; MERCI.

Il n'existe aucune règle quant à l'ordre des phrases. Utilisez la séquence qui vous convient le mieux, quelle qu'elle soit, l'important, c'est qu'elle soit en harmonie avec vous et avec le moment que vous êtes en train de vivre.

Vous pouvez utiliser un mot, deux mots, ou toutes les phrases ; en général, le « je t'aime » suffit à résoudre une situation. Voici une autre phrase très utile :

CROYANCES JE VOUS AIME.
JE VOUS SUIS RECONNAISSANT DE L'OPPORTUNITÉ
QUE VOUS M'OFFREZ DE ME LIBÉRER DES ÉNERGIES NÉGATIVES.

Répétez cette phrase pendant quelque temps et vous remarquerez de beaux changements.

Lorsque vous les répétez, ressentir quelque chose de spécial, éprouver certaines émotions, imaginer quelque chose ou un autre procédé (ce qui risquerait d'ailleurs de compliquer le processus) n'est absolument pas nécessaire. Entrer en méditation non plus. Si vous aimez la pratiquer, vous pouvez l'intégrer à la méthode Ho'oponopono, mais cela n'ajoute rien au processus d'effacement des mémoires. Entrer en relaxation mentale n'est pas une règle, car les phrases peuvent être prononcées à voix haute en bénéficiant de la force sonore du mot ainsi exprimé.

Ce qui n'empêche pas que ces phrases puissent être formulées par la seule pensée puisque celle-ci suffit à créer la réalité !

Elles peuvent même être simplement perçues ! Toutefois, dans ce cas, il vous est plus difficile de les contrôler, car lorsqu'une sensation envahit votre être, que vous « sentez » quelque chose, vous émettez une certaine vibration, une certaine émotion, un sentiment, et ceci représente la matière première d'une manifestation physique de ce que vous désirez.

Exprimez-vous de façon consciente, totalement lucide ; ou en vous reposant ; ou comme vous préférez. Quelle que soit la modalité de votre choix, toutes vos pensées seront purifiées à travers la méthode Ho'oponopono.

Il n'est pas nécessaire de visualiser le problème auquel vous vous référez car en exprimant votre intention d'effacer les mémoires, vous mettez en marche un processus qui ne concerne pas votre ego. Votre ego n'a pas à s'en mêler, il doit rester en attente et permettre que se produise ce dont votre véritable essence, votre moi supérieur, a besoin pour votre vie.

Lors de situations difficiles, où vous pouvez éprouver un sentiment d'abandon, lorsque vos émotions entrainent un déséquilibre et que vos pensées fluent en engendrant des sentiments négatifs de façon chaotique, prononcez l'invocation de Morrnah, qui est un discours qui embrasse tout et tous dans un véritable baume spirituel.

Créateur Divin, Père, Mère et Fils qui ne font qu'UN…
Si moi, ma famille, mes proches ou mes ancêtres,
nous avons offensé votre famille, vos proches ou vos ancêtres,
en pensées, en mots, en actes et en actions,
depuis le début de la création jusqu'à ce jour,
nous implorons votre pardon…

Que ce pardon puisse nettoyer, purifier et libérer
tous les blocages, les mémoires, les énergies,
les vibrations négatives.
Et que toutes ces énergies indésirables soient transmuées
en pure lumière.
Et qu'il en soit ainsi !

Lorsque ces mots magiques pénètrent profondément dans votre système cellulaire, il peut arriver que vous soupiriez ou que vous bâilliez. Ce sont là des signes qui indiquent que tout votre être a reçu le bénéfice du « nettoyage » au moyen des mots de Ho'oponopono, et que donc l'énergie bloquée commence à être expulsée des cellules qui la contenaient.

Gandhi disait :

> *« Soyez le changement que vous désirez voir dans le monde. »*

Alors ! Nettoyez, nettoyez, nettoyez, nettoyez, nettoyez, nettoyez…

Plus vous récitez
le mantra,
plus le processus
s'affine

23.

La pratique constante de la méthode Ho'oponopono

Le Dr Hew Len dit souvent *Just do it* (faites-le).

Le processus est simple comme la respiration. Lors de la respiration, nous expirons, c'est-à-dire que nous rejetons l'air pollué hors de notre corps (nous nettoyons) puis nous inspirons, c'est-à-dire que nous remplissons notre organisme d'air frais, riche en oxygène (nouvelle énergie). Très compliqué, mais en réalité simple à exécuter ! Nous le faisons sans même nous en rendre compte. La respiration a lieu sans que nous intervenions, sans que nous choisissions quel air expirer, où trouver un air meilleur à inspirer, comment mettre en marche nos poumons, etc.

Tout se passe automatiquement.

Pas de danger qu'on oublie de respirer !

La pratique de Ho'oponopono doit devenir comme cela.

On doit arriver à répéter ces phrases comme un mantra, automatiquement, afin que le processus de nettoyage se mette en marche et s'accomplisse.

Il n'est donc pas nécessaire d'être CONCENTRÉ lorsqu'on pratique Ho'oponopono, mieux vaut plutôt être CENTRÉ, ou tenter de se centrer ! Nous pouvons même ajouter que ceci non plus n'est pas nécessaire. Disons que Ho'oponopono fonctionne toujours et de toute façon. Et que si on est centré durant le processus, que si nos trois « soi » sont alignés (ou tendent à mieux s'aligner), et que si nos désirs sont vraiment en harmonie avec notre moi supérieur, le processus est beaucoup plus rapide. Il en est de même en ce qui concerne la concentration, ce n'est qu'un élément d'accélération du processus.

Le Dr Hew Len soutient qu'il faut répéter le mantra constamment, même si nous n'avons pas de problème particulier à réparer (donc sur quoi nous pourrions éventuellement nous concentrer).

De toute façon, l'objet de la concentration, c'est ce que nous appelons d'ordinaire problème/trouble/inconvénient ; un objet qu'il vaut mieux (car plus productif) réussir à vivre en tant qu'opportunité de croissance plutôt que comme embarras, donc avec reconnaissance et gratitude, et avec la plus grande dose possible d'amour envers soi-même.

Ce n'est pas toujours facile, surtout si c'est une véritable douleur plus qu'un embarras. Dans ce cas, si nous ne réussissons pas vraiment à le percevoir comme une opportunité, et par suite à lui associer amour et gratitude, le processus sera plus lent, mais fonctionnera tout de même. L'important est ne pas dételer, de ne jamais dételer !

« ***Do it*** », répète toujours le Dr Hew Len.

Quoi qu'il en soit, Ho'oponopono fonctionne aussi indépendamment de la conscience !

Lors d'un de ses séminaires, Hew Len répondait en souriant « *Just do it ! Ho'oponopono fonctionne toujours pour le mieux et dans chaque cas* » à toutes les questions sur le pourquoi et le comment de Ho'oponopono.

Si le sujet est centré sur l'amour et sur la gratitude, le processus est plus rapide. Pourtant la doctrine transmise par le Dr Hew Len soutient qu'il faudrait toujours pratiquer Ho'oponopono, c'est-à-dire le plus souvent possible, même sans viser un problème spécifique, jusqu'à ce que cela devienne un processus automatique de notre subconscient. Quand on atteint un tel niveau, le processus s'active instinctivement, et donc forcément sans que lui soit associé aucun sentiment.

Toutefois, si une situation spécifique particulièrement urgente se présente, concentrez-vous sur l'amour, la gratitude et la joie que le fait de surmonter cette situation vous apportera, en prenant en considération le meilleur côté de la situation (que celle-ci possède de toute façon), sans vous attarder sur vos craintes ou sur les aspects peu agréables.

Quand des pensées désagréables surviennent, allez-y de bon cœur avec le mantra, répétez-le de toutes vos forces pour éviter que les toxines des peurs ou des découragements créent un filtre qui empêche l'amour de catalyser le « mieux » et l'harmonie que l'Univers désire au moins autant que vous.

Plus vous récitez le mantra, plus le processus s'affine.

Même récité distraitement, vous libérez la voie à l'inspiration divine, car c'est un excellent outil de drainage de vos vieilles mémoires, de vos pensées débilitantes, de substances toxiques, qui sont ainsi transmuées en vide et puis en amour.

Donc, allez de l'avant en toute circonstance, en toute situation !

Vous pouvez par exemple le substituer à vos parcours mentaux habituels en demandant au divin de s'en charger pour démêler vos problèmes. Ou encore vous fondre avec le mantra, devenir mantra, avec les mots qui s'occuperont de nettoyer vos cellules.

Soyez constant et plein de confiance en cette technique. Simple, mais d'une puissance sans bornes ! Une fois que vous avez compris ceci, vous pouvez le réciter mécaniquement, l'intention associée à l'amour met le processus au maximum de sa puissance.

Le grandiose de Ho'oponopono tient justement à la mise en marche de tout ce mécanisme rien qu'à partir de l'intention (dans ce cas sans doute un peu lente). Le fait de répéter le mantra, pour autant mécanique que soit la répétition, dérive de toute façon de l'intention de l'ego de transmettre cet « ordre » au subconscient qui, lui, le transmet au moi supérieur, etc., sauf qu'au départ, il y a toujours une intention consciente. L'intention ! Là est la force de la technique Ho'oponopono. Sans elle, vous n'auriez jamais commencé à réciter ce mantra. Même si maintenant vous le faites inconsciemment, à la base il y a eu votre volonté de « nettoyer », une volonté déterminée par l'intention.

Ceci dit, son efficacité et le temps de réalisation dépendent de nombreuses autres variables (attente, sentiment, alignement, etc.). Mais l'intention, c'est la clé de contact !

Si d'aventure vous vivez un moment particulièrement positif et heureux, utilisez cette énergie consciemment pour remercier et envoyer un amour inconditionné à l'Univers qui entrera ainsi en vibration avec votre sentiment. Dans ce cas, il est suffisant d'être resplendissant d'amour et d'exprimer gratitude et joie tandis que vous répétez « merci ; je t'aime » à n'importe quelle espèce d'atome existant. : -)

Une autre chose importante, c'est de ne s'attendre à rien de précis. Soyez prêt à accueillir ce que la divinité croira mieux pour vous, ayez confiance, fiez-vous à elle.

La chose la plus importante quant à un résultat d'ensemble de votre existence, c'est justement de faire ce « nettoyage », de le faire constamment, toujours. Tout comme on respire. Vous savez ce qui se passe si vous omettez de respirer, n'est-ce pas ? Eh bien, c'est pareil pour ce processus de nettoyage ! **Faites-le constamment.**

Naturellement, il nous arrive souvent d'oublier des choses très importantes. Parfois nous ne pouvons éviter de réagir. Tout ceci est humain. Ce qui compte, c'est de pratiquer cette méthode autant que possible, même quand il semble que rien ne se passe ou lorsque nous n'avons aucun problème.

Parce que l'esprit enregistre tout, et que plus nous le pratiquons, plus ce processus intègre nos habitudes. De jour en jour, le pratiquer devient plus facile, plus spontané. L'esprit conscient répète continuellement les programmes que nous avons enregistrés alors que nous n'étions pas conscients.

Il faut de la pratique ! Il faut de l'entraînement ! Parce que toute la vie nous avons réagi à la souffrance. Toujours. Nous avons ajouté si profondément la réaction à la souffrance à notre manière d'être qu'elle arrive d'emblée. Nous sommes pour ainsi dire habitués à ce mode de vie.

Le premier nettoyage peut sembler difficile, mais si nous réussissons à l'intégrer dans notre quotidien tout comme la respiration, l'utilisation de Ho'oponopono devient automatique. Nous commençons à nous sentir différents et à remarquer des changements dans notre vie. Avec ces premiers résultats, petit à petit nous expérimentons ce qu'est la profonde paix intérieure.

Et nous ne pouvons plus nous passer de Ho'oponopono !

Chaque pensée qui surgit fait partie du mécanisme dont se sert notre esprit pour recréer le monde illusoire de la réalité avec tous ses problèmes, donc chacune de nos pensées devient un souvenir qu'il faut effacer ou « nettoyer ». Pour ce faire, il est suffisant de prononcer certains mots qui activent l'amour en nous.

C'est surtout durant nos premières années de vie (sans parler du bagage ancestral accumulé au cours d'on ne sait combien de vies terrestres ou non terrestres…) que notre subconscient a absorbé toutes sortes d'informations de façon totalement passive, sans idées préconçues qui l'aident à distinguer ce qui est enregistrable en un sens et quoi dans un autre. Le subconscient est comme du papier absorbant, il absorbe indistinctement tout ce qui lui est proposé, sans opposer aucune résistance.

Expérimenté... acquis... archivé !

Le subconscient n'est pas doté d'un système rationnel d'évaluation des expériences. L'évaluation ne dépend pas d'une sélection qualitative des événements, mais fonctionne de manière simplement quantitative. Plus une situation donnée nous suscite un certain type de réaction et d'émotion, plus nous réagirons de cette manière par la suite. Ainsi, plus cette situation donnée se répète de façon identique, plus l'émotion qu'elle suscite est jugée correcte (n'oubliez pas l'importance de l'entraînement !).

Jusqu'à l'âge de dix ans, chaque individu emmagasine dans ses archives-guide des informations suffisantes à gérer toute sa vie future. Attention : suffisantes ! Mais pas nécessairement utiles ni immuables. Tant que certaines convictions ne sont pas littéralement déracinées, notre subconscient les considère comme justes. Les mettre en doute n'est retenu ni nécessaire ni opportun.

Mais désormais nous savons très bien que ces archives peuvent être modifiées.

Vous rappelez-vous l'unité de mesure quantitative de l'évaluation ? Ne la perdez pas de vue car c'est l'une des clés d'accès aux archives.

Un autre élément fondamental du processus de reprogrammation, c'est le fait que le subconscient ne distingue pas une expérience réelle d'une expérience imaginaire, mais base ses évaluations tout simplement sur l'expérience des émotions. Il associe des émotions aux expériences. Dans nos archives-guide, au niveau de nos croyances, une émotion suscitée par une expérience vécue dans notre monde matériel a valeur et poids identiques à une émotion due à l'imagination d'une circonstance quelconque.

Donc, encore une fois, la solution est très simple, il suffit d'en être conscient.

Juste pour rendre explicites des conclusions qui apparaissent désormais évidentes, si nous voulons nous libérer de nos croyances réductrices, armons-nous de temps, de patience et de bonne volonté ! L'astuce consiste à nous procurer des expériences virtuelles (imaginaires), suffisamment émotionnantes, de la situation que nous désirons concrétiser ou de la personne que nous aimerions être. Visualiser est un excellent système pour entraîner notre subconscient à « s'approvisionner » en expériences. Si celles-ci émanent participation, joie et émotion, elles seront retenues comme justes et enregistrées dans les archives en tant que vécues. Cela enrichira l'éventail des paramètres en donnant de plus en plus de crédit à la positivité que nous choisissons de créer.

Lorsque ces expériences mentales sont vécues en quantité suffisante pour contrebalancer le poids de nos croyances réductrices, nous devenons des êtres nouveaux, beaucoup plus proches du prototype de l'être humain parfait à nos yeux, celui que nous voulons devenir.

Si nous réussissons à vivre un nombre de fois suffisant ces expériences imaginaires, nous débarrassons notre subconscient des nombreux sacs de lest qui nous empêchent de voler.

Simple, n'est-ce pas ?

Oui, très facile… comme toujours c'est une affaire d'entraînement ! Plus nous persévérons dans l'élimination des souvenirs nuisibles, plus le poids des expériences virtuelles à contrebalancer est léger. Tout se passe de plus en plus rapidement. Et le processus de Ho'oponopono s'auto-accélère.

Et puis la pratique de Ho'oponopono n'a pas d'effet transitoire. Elle ne résout pas les choses qu'à un moment donné ou lors d'un cas spécial très nécessaire. Non. C'est quelque chose de définitif.

C'est la solution parfaite.

Les mots-clés devraient être prononcés constamment jusqu'à ce que le subconscient apprenne à le faire instinctivement, que cela devienne un automatisme.

L'intention de guérir notre esprit est déjà un motif suffisant pour prononcer du profond de notre cœur les mots-clés :

JE SUIS DÉSOLÉ ; PARDONNE-MOI ; JE T'AIME ; MERCI.

Ho'oponopono doit être regardé comme une pratique spécifiquement mentale qui élimine définitivement les pensées négatives, qui permet d'arriver à reconnaître quelles sont nos pensées erronées, à nous les pardonner et à les laisser aller pour toujours.

Si nous continuons par moments à penser de façon négligée, nous n'obtiendrons pour résultat que la création d'autres mémoires que nous devrons effacer plus tard.

L'astuce est là, dans ces mots :

JE SUIS DÉSOLÉ ; PARDONNE-MOI ; MERCI ; JE T'AIME.
PARDONNE-MOI ; MERCI ; JE SUIS DÉSOLÉ ; JE T'AIME.
JE T'AIME ; PARDONNE-MOI ; JE SUIS DÉSOLÉ ; MERCI.

Prononcez-les constamment ! Toujours !

Quelques petites incitations :

Techniquement parlant, faites en sorte que le mantra MERCI ; PARDONNE-MOI ; JE SUIS DÉSOLÉ ; JE T'AIME, devienne le babillage continu de votre esprit. Que vous focalisiez un problème, quelque chose qui ne va pas ! Ou que vous vouliez éviter que quelque chose fasse problème !

JE SUIS DÉSOLÉ ; PARDONNE-MOI ; MERCI ; JE T'AIME ; PARDONNE-MOI ; MERCI ; JE SUIS DÉSOLÉ ; JE T'AIME ; JE T'AIME ; PARDONNE-MOI ; JE SUIS DÉSOLÉ ; MERCI.

Si vous répétez sans cesse ces phrases durant la journée, ou le plus souvent possible, même sans les rapporter à un problème spécifique, vous garderez une attitude vibrante de bien-être et de compréhension envers tout ce qui se manifeste dans votre réalité.

Avant de sortir de chez vous, demandez à la divinité qu'elle nettoie ce qui en vous pourrait être la cause d'un conflit ou d'un problème. Faites-le par exemple tout au long du trajet pour vous rendre à votre lieu de travail.

Durant la journée, pour chaque petit embarras, chaque inconvénient que vous remarquez, demandez à votre moi supérieur qu'il nettoie les souvenirs qui sont en train de se développer.

La pratique constante de la méthode Ho'oponopono, c'est répéter ces phrases mentalement, avant d'agir et pendant vos activités.

Quel instrument prodigieux !

Pas de problème pour réciter ces phrases, que vous focalisiez un problème ou non. L'important, c'est que vous le fassiez du fond du cœur et le plus souvent possible. Si vous vous rendez compte que vous pensez à autre chose, à une difficulté, ne vous mettez pas à discuter avec vous-même, commencez plutôt à « nettoyer ». Pas de problème non plus quant au moment opportun pour cibler un problème spécifique. Faites-le dès que vous ressentez l'envie de le faire.

Pardonne-moi ; merci ; je suis désolé ; je t'aime. Ces mots effacent la cause, le noyau d'une situation qui est en train de provoquer à nouveau un événement de votre passé dont vous ne vous souvenez pas en ce moment, mais qui est emmagasiné dans les archives de votre subconscient.

Criez votre amour !
Criez votre amour
à tout ce qui existe

24.

Des gouttes de rosée

JE SUIS DÉSOLÉ ; PARDONNE-MOI ; MERCI ; JE T'AIME.
PARDONNE-MOI ; MERCI ; JE SUIS DÉSOLÉ ; JE T'AIME.
JE T'AIME ; PARDONNE-MOI ; JE SUIS DÉSOLÉ ; MERCI.

Pourquoi justement ces mots-là ? Pourquoi l'ordre dans lequel les prononcer n'a-t-il pas d'importance ? Pourquoi parler de « gouttes de rosée » ?

Nous ne sommes pas en mesure d'expliquer rationnellement pourquoi ces mots fonctionnent plutôt que d'autres. Ce sont ceux qui ont été transmis et ça marche.

Leur but est de nettoyer, d'effacer, de permettre à l'énergie de passer. Le carburant de tout le processus de Ho'oponopono, c'est l'intention... Et en plus, nul besoin d'identifier ce qui est en cours d'effacement, nul besoin de savoir comment ça se passe, on pratique cette technique parce qu'on a décidé d'aller à la recherche de « notre mieux », de l'expérimenter à travers l'inspiration et l'action de notre moi supérieur divin.

Des mots, des phrases, qui évoquent de bons sentiments, qui se rapportent également aux sentiments d'amour, de pardon et de gratitude, il en existe des quantités. Nous savons parfaitement que le pouvoir créateur du mot est immense, que le mot traduit la pensée et déclare solennellement à nous-mêmes et à l'Univers la direction vers laquelle nous voulons diriger notre énergie.

> *« Au commencement était le Verbe, et le Verbe était en Dieu, et le Verbe était Dieu. »*
> *« Et le Verbe s'est fait chair, et il a habité parmi nous. »*[26]

Mais pourquoi en réalité ces mots-là fonctionnent-ils mieux que d'autres ?

Chaque mot a un champ, que nous pouvons définir « aura », lequel consiste en une fréquence vibratoire spécifique qui tire son origine des émotions que ce mot a suscitées chez l'homme au fil des siècles. Cela est valable quelle que soit sa prononciation dans les langues étrangères, parce que son champ dépend de sa signification et des émotions que son utilisation a suscitées chez l'être humain.

À partir de là, il est clair que cette continuité a gravé ces mots dans l'ADN des êtres humains en codifiant des phrases salubres et purificatoires qui ont été utilisées dans les différentes cultures de notre Histoire. Ces mots que nous prononçons actuellement lors de la pratique Ho'oponopono font partie de

---

26 Réf. : prologue de l'Évangile selon Jean (traduction de Augustin Crampo).

cet héritage génétique, de ce passé que nous commençons, très lentement, à faire revivre.

Les « gouttes de rosée », c'est ce qui est codifié pour effacer les mémoires, c'est ce qui est propre aux phrases du mantra de Ho'oponopono et qui ne peut se produire avec d'autres belles phrases. Car lorsque nous utilisons un mot particulier, non seulement émotions et sensations, relatives au souvenir de la situation que nous avons expérimentée, ressurgissent, mais en même temps avec elles ressurgissent toutes les mémoires du collectif inconscient.

Jésus de Nazareth dit à ses disciples :

> *« Ce n'est pas ce qui entre dans la bouche qui souille l'homme ; mais ce qui sort de la bouche, c'est là ce qui souille l'homme. »*[27]

Et vice versa ! Car en fait, ce qui sort de notre bouche peut, bien évidemment, nous procurer d'énormes bénédictions !

En utilisant « gouttes de rosée », on influence directement nos corps subtils. Grâce à notre énergie tourbillonnante, ceux-ci se connectent intérieurement à notre présent et aux changements appropriés à la réalisation de notre réalité parfaite.

Par la suite, les mots « PARDONNE-MOI ; JE SUIS DÉSOLÉ ; MERCI ; JE T'AIME » sont d'une puissance telle à transformer notre monde, tout simplement parce que ce sont des mots que

27 Réf. : *La Bible de Jérusalem*, Matthieu, chapitre 15, note 11.

chacun de nous connaît, des mots dont la signification supérieure est notoire depuis toujours. Actuellement, nous ne faisons rien de plus que de les faire réapparaître et de les utiliser à nouveau.

La métaphore « gouttes de rosée » constitue une belle définition poétique de ces quatre mots-clés (le mantra).

Nous pensons que leur mode d'utilisation vous est désormais plus que clair !

Alors comme disait le Dr Hew Len, *do it* !

Comme vous voulez. Dans l'ordre que vous préférez, autant que vous désirez, au moment qui vous convient, de la façon qui vous plaît. Murmurez ces gouttes de rosée, dites-les, pensez-les, hurlez-les, chantez-les, dessinez-les... Agissez selon votre inspiration. Comme indice de référence, utilisez des sensations qui vous stimulent, optez pour les modalités qui vous procurent les émotions les plus agréables, qui vous laissent dans un état de bien-être euphorisant. Et allez-y de bon cœur !

Par le biais de la répétition continuelle de ces mots, vous entrez en syntonie avec les mots proférés, sans que soit nécessaire un engagement conscient de votre pensée rationnelle.

La puissance des mots prononcés dans l'intention précise et soutenue de changer votre intériorité s'accroît justement en vertu d'une récurrence qui contribue à disperser les prototypes mentaux désormais inutiles et qui persistaient à engendrer toutes sortes de difficultés.

Le processus de Ho'oponopono est un processus de repentir, de pardon, d'amour, de gratitude et de transmutation. Il consiste à s'adresser à la puissance de l'amour universel et inconditionné, afin que nos éventuelles énergies toxiques soient effacées et remplacées par des énergies positives.

C'est l'amour qui fluidifie le processus qui passe par notre moi supérieur et continue son trajet à travers notre ego en le libérant des rationalisations excessives pour finir dans l'esprit émotif (subconscient), là où toutes nos pensées chargées d'émotions toxiques se dissipent et sont remplacées par des pensées d'amour inconditionné.

Ce processus requiert impérativement que toute forme de victimisme, d'impuissance, soit définitivement abandonnée, car appliquer correctement cette méthode nous remplit de gratitude alors que l'attitude victimiste est délétère.

« Merci ; je suis désolé ; pardonne-moi ; je t'aime ; je suis désolé ; pardonne-moi ; merci ; je t'aime. »

Techniquement parlant, il s'agit simplement de répéter ces mots :

* Je t'aime * Pardonne-moi * Je suis désolé * Merci *

En répétant ces phrases, le processus de transformation de l'identité de soi démarre chez la personne qui les prononce. C'est exactement ce que le Dr Hew Len a fait durant le travail qu'il a mené à l'hôpital psychiatrique hawaïen.

La répétition même mécanique de ce mantra fait que ce puissant élément de la méthode Ho'oponopono reste vivace et poursuit son effet dans notre esprit.

Alors… comme disait le Dr Hew Len… *faites-le !*

Je suis désolé … mots à prononcer avec tendresse et intérêt vis-à-vis de la situation (ou personne, ou action) à laquelle il se réfère. Admettre surtout que ce qui nous préoccupe est vraiment devenu insupportable. Serrer notre cœur avec amour, bien au chaud en nous, et lui montrer que nous l'avons compris.

Pardonne-moi ! … mots à adresser prioritairement à soi, au fait que nous permettons aux événements de nous faire beaucoup souffrir à cause de cette mauvaise façon que nous avons de les percevoir, ou au fait que nous nous maltraitons souvent de façon bien pire que nous traitent les autres. Sans doute parce que nous pensons ne pas correspondre (ni remarquablement ni même moyennement) à un comportement que nous retenons juste.

Merci ! … mots à répéter indéfiniment. Dire merci, pour toutes les belles choses qui existent et que nous avons créées. Dire merci, pour le fait d'avoir fait tout à la fois acte d'humilité et de force. Dire merci, pour le fait que nous sommes désolés et que nous nous excusons. Dire merci, pour le fait que nous allons « nous nettoyer », pleins de bonne volonté et de confiance, en relativisant notre responsabilité quant à la douleur que nous nous sommes procurée.

Je t'aime ! … mots à répéter sans fin. Un « je t'aime » adressé à soi, à l'Univers ou au Créateur ou à l'Énergie, ou au TOUT ! Un « je t'aime » adressé au monde, à l'espace, à la mer, au ciel, aux gens.

Criez votre amour ! Familles, je vous aime ! Amis, amants, époux, enfants, chatons, fleurettes, je vous aime ! Criez votre amour à tout ce qui existe, pour le bonheur de constater cette existence. Toute chose est née d'un acte d'amour. Et surtout criez « je t'aime » à vous-même, de toute votre âme, de tout votre cœur. Mettez-y tout le sentiment, toute l'intention, tout l'amour dont vous êtes capable ! Un « je t'aime infiniment », un « je vais te donner le mieux du mieux ! Dès maintenant ! Le meilleur moment, la meilleure nourriture, le meilleur vêtement, le meilleur rouge à lèvres, la meilleure attention, les meilleures idées, les meilleurs présages, les meilleurs amis, les meilleures lectures, les meilleurs projets !

Le mieux et le meilleur de ce qui vous est possible.

Je suis désolé
Pardonne-moi
Merci
Je t'aime

Ho'oponopono Guide pratique

Il existe différentes méthodes pour « se nettoyer ». Toutefois le système de Ho'oponopono adopte aussi des processus de nettoyage qui englobent alimentation, respiration et exercice.

Des gouttes de rosée

La base principale consiste à réciter les mots :

JE SUIS DÉSOLÉ ; PARDONNE-MOI ; MERCI ; JE T'AIME.

dans l'ordre que l'on préfère. Le changer pour casser les habitudes peut donner un coup de pouce et renouveler l'intérêt du subconscient du point de vue intentionnel, contraint ainsi à une majeure attention.

Ils peuvent être prononcés à voix haute, ou répétés en silence, mentalement.

Pour commencer, nous conseillons l'exercice suivant aux néophytes :

Mettez-vous devant un miroir et regardez-vous tandis que vous prononcez ces mots tout simples comme si vous vous adressiez à vous-même : « JE T'AIME ; JE SUIS DÉSOLÉ ; PARDONNE-MOI ; MERCI. »

Au début, cela peut vous faire sourire, vous paraître étrange, voire ridicule. Ne vous inquiétez pas, plus vous découvrirez de résistances en vous-même, plus cette technique résultera profitable et efficace une fois les barrières anéanties !

La respiration « HA »

Le mot *hawai* signifie « le souffle de l'eau du divin ». Le processus de respiration « Ha » est simple à exécuter. C'est l'un des systèmes d'effacement des mémoires.

L'opération se déroule comme suit :

- asseyez-vous confortablement, la plante des pieds appuyée sur le sol et le buste bien droit ;
- inspirez sans changer de position en comptant lentement jusqu'à sept ;
- gardez l'air dans vos poumons en comptant encore jusqu'à sept ;
- expirez en comptant de nouveau mentalement jusqu'à sept ;
- gardez vos poumons vides en comptant encore jusqu'à sept ;
- répétez cet exercice de sept à neuf fois.

Vous pouvez unir index et pouce de chaque main en formant un cercle, et les entrecroiser comme pour former le symbole « infini ».

- gardez cette position durant l'exercice décrit ci-dessus ;
- respirez sans forcer, pour ne pas provoquer une hyperventilation, et par suite un étourdissement ;
- récitez mentalement les mots : « Pardonne-moi ; je suis désolé ; je t'aime ; merci. »

Selon le Dr Hew Len, cet exercice peut vraiment faire sortir d'un état dépressif.

L'eau solarisée bleue

Boire beaucoup d'eau est une pratique merveilleuse pour résoudre nos problèmes, spécialement si l'on boit de l'eau solarisée bleue.

Boire de l'eau solarisée bleue est une façon plus prompte, simple et efficace, pour effacer nos mémoires physiques et psychiques. Le mantra « Je suis désolé ; pardonne-moi ; merci ; je t'aime » s'en trouve accéléré. Il n'y a pas tellement de conseils pratiques à donner à qui entreprend le parcours de Ho'oponopono. Parmi ceux-ci, utiliser quotidiennement l'eau solarisée bleue est sans aucun doute le plus facile et le plus immédiat.

L'eau solarisée bleue, c'est de l'eau de source, ou du robinet. Surtout pas d'eau dans des contenants plastiques, ni d'eau conservée ! Car elle est moins vitale, moins vibrante. Par contre, l'eau prise directement au robinet a ceci de particulier : elle reste en communication avec tout son parcours – un parcours non-stop de son origine jusqu'à l'aqueduc par lequel elle passe. Et elle vibre avec toutes les eaux du monde par mémoire directe. Cette eau n'a été ni transportée, ni confectionnée. Elle n'a donc pas été emprisonnée. Le processus de solarisation peut lui conférer un puissant et profond rééquilibre énergétique qui accentue son action purificatrice sur les toxines physiques et psychiques.

Elle doit être exposée aux rayons solaires pendant au moins une heure dans une bouteille de verre bleu, de couleur uniforme, bien propre, et avec un bouchon non métallique. Plus l'eau reste exposée au soleil, plus grande est son pouvoir. Disons que le temps minimum d'exposition est d'une heure en été et de quatre heures en hiver. D'ordinaire, elle se conserve pendant quatre ou cinq jours dans un endroit sombre et frais.

Le processus de solarisation varie en fonction de la température ambiante, de la position géographique et de l'heure diurne.

Comprendre combien de temps il faut à cette eau pour être efficacement solarisée, afin que sa force de nettoyage et son pouvoir soient maximisés, est une affaire d'intuition.

Philip M. Chancellor, praticien en fleurs de Bach, suggère de procéder comme suit :

> *« Disposez un glaçon dans le verre d'eau qui doit être solarisée. Quand il a fondu sous l'effet des rayons solaires, l'eau peut être considérée comme chargée. »*

Par ailleurs, il est notoire que la couleur bleue a un pouvoir antiseptique ; elle empêche donc que l'eau soit la proie de proliférations bactériennes. Conservée dans un récipient de verre de cette couleur, ses propriétés survivent une semaine, délai valable à partir d'une solarisation advenue à température aussi bien haute que basse.

Cette eau, laissée au soleil dans son récipient de verre pendant le laps de temps susdit, acquiert les propriétés électromagnétiques de la couleur du récipient. Il est important que la couleur de celui-ci soit pure, uniforme, sans inscriptions publicitaires (éventuellement, inscrire des mots d'amour ou le mantra peut se révéler positif).

En cas de temps nuageux, on peut avoir recours à une lampe à incandescence (ampoule traditionnelle).

L'eau solarisée devrait être bue lentement et savourée. Elle est parfaite, aussi bien pour les tisanes que pour laver les légumes, et toute autre utilisation.

Le Dr Hew Len soutient que le mieux, c'est d'effectuer une préparation spéciale et de l'utiliser « pure », donc non diluée, quotidiennement et en abondance. S'il n'est pas possible d'en produire en quantité suffisante, cette eau diluée peut être utilisée en tant qu'« effet de résonnance », mais en règle générale, il vaut mieux la produire en la solarisant selon sa méthode.

Notons que plus l'eau est froide au départ, plus sa capacité d'accumulation est grande.

L'eau solarisée était déjà utilisée en médecine ayurvédique au Ier siècle av. J.-C. Elle était aussi utilisée en Égypte dans des buts thérapeutiques il y a environ 4 000 ans.

L'eau chromo-solarisée représente l'un des systèmes les meilleurs, les plus rapides et les plus économiques pour profiter des bienfaits de la chromothérapie.

Chez les Égyptiens et les Aztèques, comme en médecine chinoise, la couleur bleue a été utilisée dès l'Antiquité aussi bien dans des buts diagnostiques que thérapeutiques. Autrefois, religion et médecine étaient associées en une même vision holistique de l'Univers et visaient prioritairement à rééquilibrer corps et esprit plutôt qu'à traiter la maladie.

Le principal composant de notre corps, c'est l'eau, environ 70 % (65 % chez l'adulte, 75 % chez le nouveau-né, moins chez les personnes du troisième âge, parfois 50 %, limite minimum au-dessous de laquelle les fonctions vitales s'arrêtent).

L'eau est un solvant, raison pour laquelle elle dilue tout aliment et autres éléments avec lesquels elle entre en contact. Elle les rend ainsi plus assimilables, ou moins fermes, ou moins toxiques, et les véhiculent pour fournir les principes nutritifs à toutes nos cellules. Elle est responsable de la thermorégulation. Elle facilite la digestion, l'expulsion des déchets et des toxines hors de l'organisme, et surtout la nutrition des tissus qui soutiennent les parties « molles » du corps humain.

L'eau est un élément capital, absolument indispensable à la vie.

Désormais, boire beaucoup tout au long de la journée est une recommandation que l'on nous diffuse sans trêve.

Nous y ajoutons que s'il est bien de boire beaucoup, boire une eau à valeur ajoutée est encore mieux.

Méthode Ho'oponopono et chromothérapie se conjuguent ainsi à travers cette eau pour nous offrir un moyen fantastique d'élimination des mémoires physiques et psychiques, en accélérant tout parcours de purification quel qu'il soit, et par suite ce parcours vers le vide, vers le point zéro limite, à partir duquel il est possible de faire des miracles.

Être conscient du pouvoir de l'eau solarisée bleue, c'est se concentrer, tout en la buvant, sur le fait qu'à chaque gorgée, elle entre en nous, descend dans notre corps, guérit et débarrasse notre subconscient de tous nos souvenirs négatifs et toxiques, ces responsables de nos parcours erronés, ni heureux ni productifs.

Avec le mantra « je suis désolé ; pardonne-moi ; merci ; je t'aime », l'eau solarisée bleue constitue un acte de propreté totale.

Masaru Emoto est un chercheur japonais connu pour ses expériences menées sur l'eau. Il a examiné et photographié différentes sortes d'eau, comme l'eau domestique provenant d'aqueducs de différentes villes du monde et l'eau provenant de sources, de lacs, de marécages, de glaciers. Il a exposé l'eau à diverses vibrations, comme celles de la musique, celles des mots (prononcés ou simplement écrits sur des étiquettes sur les bouteilles d'échantillonnage), et même celles de la pensée.

Les résultats de ses essais ont montré que l'eau cristallisait de façon différente selon les messages reçus. La structure des cristaux de l'eau soumise à l'écoute de mots positifs était particulièrement belle, semblable à celle de la neige, alors que celle des cristaux de l'eau traitée avec des mots négatifs réagissait en créant une configuration amorphe et dépourvue d'harmonie géométrique.

Tout ceci ne peut que renforcer le pouvoir de notre mantra allié à l'eau solarisée bleue pour purifier les mémoires de l'esprit inconscient.

Quel que soit l'usage adopté, il ne peut qu'être bienfaisant et correct : pour cuisiner, arroser vos plantes, après votre bain ou votre douche, pour vos animaux, de compagnie ou autres, dans le radiateur de votre voiture, pour préparer des glaçons, dans votre fer à repasser… Il est important d'en boire lorsque vous restez devant votre ordinateur. Elle protège, nettoie et facilite le travail. Personnellement, nous la buvons en toute occasion.

Si vous décidez de boire de l'eau solarisée bleue, observez votre réaction au bout de quelque temps. Vous serez très étonné. Chez certaines personnes, l'effet du processus de désintoxication psychique et physique résulte perceptible, il est même parfois très prononcé.

Les aliments purificatoires

Fraises et myrtilles

Ces fruits effacent les mémoires. Ils peuvent être consommés frais ou secs, ou sous forme de confiture, ou de sirop sur une glace (de préférence à la vanille).

Noix de coco

Il faut en manger un peu matin et soir, ou de toute façon le plus souvent possible. La partie huileuse fait office d'intermédiaire pour entrer en contact avec notre partie divine.

Chocolat chaud

C'est une boisson purificatrice. Elle vise à mettre le divin en position prioritaire. Boire un chocolat chaud efface les souvenirs que nous avons tendance à mettre en avant et qui relèguent ainsi toute pensée pour le divin au second plan.

Maïs

Pop-corn, chips de maïs, farine de maïs… voilà de véritables outils génériques de « nettoyage » qui nous parviennent directement d'une ancienne sagesse. On peut les consommer, ou simplement les visualiser ou en parler.

Gingembre

C'est un autre outil de nettoyage, et il peut être bu sous forme d'infusion, ou consommé confit ou cuisiné à notre gré.

La glace à la vanille est un autre aliment utile à notre propos purificateur, qui plus est, délicieux.

La méthode Ho'oponopono par poster

Un poster[28] qui agit par fonction interposée, voilà un moyen également intéressant.

Accrochez cette affiche décorative au mur. Visualisez votre nettoyage intérieur tandis que vous l'observez. Si vous avez un problème, fixez l'image. Immédiatement, les mémoires qui

28 Réf. : texte tiré du site en italien www.hooponoponoinsights.wordpress.com.

causent votre problème sont neutralisées et s'effacent. Le poster Ho'oponopono a été en quelque sorte magnétisé, il porte en lui l'énergie du sens des phrases du mantra, cela grâce à l'attention des personnes qui ciblaient l'image lorsque celle-ci fut produite.

C'est un outil puissant. Répétez le mantra pendant le laps de temps que vous jugez bon, tout en regardant votre poster. Ce qui est prodigieux, c'est que plus de gens regardent ces posters, plus le nombre des adeptes de Ho'oponopono par poster s'accroît, et plus l'effet réparateur se renforce.

Cela provient du fait que l'image originale se comporte comme une source d'énergie, comme une antenne émettrice, connectée à tous les exemplaires existants de ce poster. La sensation de bien-être, d'un réel changement, subit une multiplication exponentielle de par l'attention et l'appréciation de tous ses pratiquants.

C'est un phénomène qui peut se produire avec n'importe quelle image. Pour cela, il faut qu'elle soit imprégnée d'une intention globale de bénédiction et de paix, que la somme des intentions de ses contemplateurs résulte uniforme et du point de vue émotionnel alignée sur l'amour pur et inconditionné.

Le crayon avec la gomme au bout

Un autre instrument très utile, c'est le crayon papier avec gomme.

Pourquoi avec gomme ? Vous allez voir. Voici comment procéder.

Utilisez un cahier ordinaire pour y écrire votre problème (certaines personnes préfèrent une enveloppe au cahier). Ajoutez la date du jour et fermez le cahier. Puis commencez à piqueter la couverture du cahier avec la gomme du crayon en demandant à la divinité de neutraliser en vous les mémoires causes du problème auquel le contenu du cahier se réfère.

La petite gomme sert donc à piqueter les choses qui vous semblent porteuses d'une charge négative, puisque cette charge est très certainement liée à un souvenir qui vient de se présenter à votre attention justement pour être effacé.

C'est un processus particulièrement efficace en ce qui concerne dettes, encaissements, contrats, amendes, quittances, etc. Mais dans ce cas précis, il vaut mieux ne pas traiter votre problème à partir de personnes.

Ensuite, pensez simplement aux phrases habituelles, et bien sûr le plus possible.

JE SUIS DÉSOLÉ ; PARDONNE-MOI ; MERCI ; JE T'AIME.

N'oubliez jamais que votre requête ne vise pas à obtenir des résultats préétablis ; que vous n'êtes pas en train de vous nettoyer pour recevoir de l'argent, pour régler vos dettes, ni pour obtenir un emploi ou une promotion, ni pour que telle ou telle personne vous demande pardon.

Pensez que votre prière vise uniquement la purification des mémoires qui en ce moment vous créent un problème, de l'anxiété, des conflits, des suspicions, etc. Et peu importe les origines et les causes du problème.

Il est difficile que l'intellect s'ouvre avec confiance, mais si vous pratiquez régulièrement Ho'oponopono, vous assisterez à des changements qui attesteront que les choix du divin sont ceux qui vous conviennent le mieux.

Ce qui suit est un texte très divulgué sur la Toile. Sa lecture est certainement profitable à toute personne qui s'apprête à utiliser la technique Ho'oponopono.

L'exercice des 108 haricots

de Fausto Petrone

Prenez une feuille de papier, ou votre agenda préféré, et écrivez tous les noms des gens que vous ne supportez pas, que vous détestez, qui vous haïssent, qui vous irritent et à qui vous êtes antipathique.

Écrivez aussi tous les événements au cours desquels, récemment ou par le passé, vous avez éprouvé colère, peur et angoisse.

Après avoir pris tout votre temps pour remplir cette liste, observez-la et tenez-la devant vous pour bien la voir.

Et voici le côté amusant et magique de l'exercice. Allez dans votre cuisine, prenez deux bols. Dans l'un d'eux, mettez 108 haricots, ou des petits pois, ou des pois chiches. Bien.

Ensuite, prenez votre liste, inspirez puis expirez profondément, regardez la liste, récitez un « je suis désolé ; pardonne-moi ; je t'aime ; merci ». Aussitôt terminé, inspirez puis expirez profondément une nouvelle fois, et faites tomber un haricot dans le bol vide.

Voilà, maintenant vous êtes prêt pour un autre petit tour de mantra.

Vous avez la liste, les deux bols, l'un vide, et l'autre pour y égrener les haricots, et vous avez la séquence : inspirer, expirer, observer la liste, réciter le mantra ; inspirer, expirer, prendre un haricot, le faire tomber dans le bol vide pour qu'il fasse « ding ! ».

Il faut répéter cet exercice 108 fois.

Vous avez sûrement en tête cette question : mais pourquoi répéter cet exercice exactement 108 fois ?

Quel bienfait peut-on tirer d'un geste qui consiste à prendre un haricot dans un bol plein pour le faire tomber dans un bol vide ?

Eh bien, l'action même de faire tomber un haricot dans le bol facilite la focalisation soutenue du geste et, tandis que vous effectuez cet exercice, il est très probable que vous allez réussir à percevoir quelques changements au niveau physique, émotionnel ou mental.

Par ailleurs, prendre le haricot du bol plein et le larguer dans le bol vide est un geste d'une importante valeur symbolique. Il signifie que vous êtes présent, que ce que vous faites a une signification et, comme vous le savez, ce qui est fait consciemment est fait avec amour. Quant au numéro 108, les anciens sages védiques, mathématiciens experts, le retenaient comme le numéro qui décrit le mieux la complétude de la Création.

L'exercice est terminé. Vous avez scrupuleusement exécuté la séquence 108 fois. Et maintenant ? Notez tout ce que vous avez expérimenté. Écrivez tout ce que vous avez imaginé, chaque émotion que vous avez éprouvée lors des visualisations, et notez tout ce qui a découlé de cet exercice. Pour finir, datez ces pages et rangez votre cahier, tout ceci pourra servir lors de futurs « nettoyages » et vous saurez à partir de quoi recommencer.

Si par contre vous avez la conviction d'être totalement purifié, vous pouvez brûler ces deux listes et remercier la matrice divine de vous avoir donné la possibilité de créer un nouveau paradigme.

Relations interpersonnelles

Détendez-vous et concentrez-vous sur la personne avec laquelle vous avez un rapport difficile. Imaginez-la devant vous et essayez de visualiser chaque détail de cette personne : son visage, sa chevelure, son regard, son attitude, son odeur. Ciblez autant de détails qu'il vous est possible. Ce qui compte, c'est d'être vraiment très conscient de qui il s'agit, à qui ces détails se réfèrent.

Pardonnez-vous pour les difficultés que vous avez, et pardonnez aussi l'autre personne. Imaginez que vous la serrez dans vos bras. Imaginez que cette autre personne vous pardonne et que vous vous embrassez. Répétez mentalement plusieurs fois : « Je suis désolé ; pardonne-moi ; merci ; je t'aime » jusqu'à ce que vous ressentiez une certaine sérénité. Faites cet exercice pendant une dizaine de minutes, tout en restant concentré sur la personne en question.

Pour comprendre si le processus a fonctionné, focalisez à nouveau cette personne. Si vous réussissez à penser à elle sans éprouver de sensations négatives, alors c'est la preuve que Ho'oponopono a fait son devoir. Par contre si les sentiments négatifs persistent, répétez le processus une seconde fois.

Faites cet exercice en vous concentrant, à tour de rôle, sur chacune des personnes (amis, parents, connaissances) avec lesquelles vous avez des relations difficiles. Et si vous le désirez, même sur celles avec lesquelles vous avez de bons rapports, ceux-ci s'en trouveront ultérieurement améliorés.

Exercice semi-méditatif

Quelques petites précisions quant aux potentialités de cet exercice associé à Ho'oponopono pour cibler vos relations interpersonnelles.

Ho'oponopono est une **technique de compensation**, un correctif ; vous éliminez vos vieilles énergies et, libéré de l'oppression et du blocage de vieux schémas qui désormais vous déplaisent, vous repartez sur de nouvelles bases.

Cette technique, vous pouvez l'utiliser **en vous référant** non seulement à des adultes, des enfants, des animaux, des objets et des lieux, mais aussi, incroyable, mais vrai, **au temps** !

Il est bien de pratiquer cette méthode **en vous référant à toutes les personnes de votre entourage**, afin que vos relations gardent leur fraîcheur, restent légères et saines.

Lorsque vous avez perdu contact avec une personne que vous fréquentiez, vous pouvez interagir avec elle à travers cet autre lien, plus conforme à la réalité de vos rapports. Si vous êtes soutenu d'intentions très positives et que vos émotions sont alignées sur vos intentions en ce qui concerne cette relation, grâce à la technique Ho'oponopono, vous la reformerez sur des bases plus solides.

Ho'oponopono, **c'est aussi une « visualisation guidée »**, une technique de travail sur l'énergie.

L'exercice semi-méditatif :

- allongez-vous dans un endroit confortable et tranquille, immergez-vous dans la pénombre, et fermez les yeux ;
- imaginez que vous flottez au-dessus de vous-même, dans l'intention de vous connecter avec votre moi supérieur ;
- visualisez au-dessous de vous, la personne, l'animal, l'objet, le lieu, ou la période (qui vous manque, que vous avez gâché, qui s'est envolé trop vite, le passé, l'avenir, etc.) que vous désirez affronter ;
- imaginez que vous parlez (mentalement) et dites de façon détaillée tout ce qui concerne la situation que vous voulez améliorer afin de bien communiquer votre état émotionnel. Parmi toutes les choses que vous aimeriez faire savoir, prononcez surtout celles qui sont importantes et qui n'ont jamais été dites, puis remerciez-vous pour tout le bien que vous avez reçu dans votre vie et pour toutes les opportunités que ce qui vous semblait négatif vous a en revanche apportées ;
- consentez à votre « antagoniste mental » de vous répondre librement ;

- mettez-vous à l'écoute attentive de ce qu'il peut vous transmettre, écoutez les mots, découvrez toutes les images qui arrivent dans votre esprit ;
- allez d'avant en arrière, de vous à « l'autre vous-même », en vous répondant à tour de rôle jusqu'à ce qu'il soit clair que tout ce qui était à dire a été dit ;
- visualisez et consentez à la *lumière d'amour* et à la guérison d'entrer à travers la sommité de votre tête et laissez-la remplir tout votre corps ;
- quand votre corps va déborder de cette lumière, laissez-la couler de votre cœur vers votre « antagoniste » ;
- pour finir visualisez une épée de lumière, saisissez-la de votre main la plus habile, et utilisez-la pour trancher tous les liens qui vous unissent à votre « antagoniste » ;
- envoyez votre énergie vers l'antagoniste afin qu'elle l'enveloppe de façon bienfaisante, puis laissez-la revenir à vous et puis se dissiper lentement ;
- déconnectez-vous de votre moi supérieur et reprenez conscience de votre corps ;
- prenez conscience de l'énergie qui est dans votre ventre et laissez-la s'en retourner vers la terre.

Utilisez cette technique pour vous déconnecter de personnes dont vous n'avez que faire, mais aussi, le cas échéant, pour ranimer et redresser des relations actuellement boiteuses.

C'est ainsi que vous pouvez reprendre possession de l'énergie investie dans des rapports précédents, pour la réutiliser de façon plus constructive.

Accomplissez cet exercice en y mettant de la bonne volonté, gentillesse, bonté, disponibilité, gratitude, et en bénissant votre compagnon de travail intérieur.

Attention aux charges négatives des relations en cours, remplacez-les avec tout ce que vous y trouvez de positif, de dynamique et d'encourageant[29].

Le verre d'eau

Remplissez un verre d'une couleur quelconque aux trois quarts d'eau domestique et laissez-le découvert pour que l'eau puisse bien s'oxygéner. Changez l'eau deux fois par jour, matin et soir.

Visualisez vos problèmes en les imaginant comme aspirés, absorbés par l'eau de ce verre, et transmués par la divinité qui vous en libère définitivement.

Vous pouvez ajouter un peu de farine de seigle à l'eau, mais ce n'est pas obligatoire.

N'oubliez pas de changer l'eau deux fois par jour, sinon les problèmes déborderont.

Allumer l'interrupteur de la lumière

Un autre moyen spécifique pour éliminer les programmes récurrents de votre esprit, c'est de répéter mentalement ou à voix basse : « Allume l'interrupteur de la lumière… allume l'interrupteur de la lumière… allume l'interrupteur de la lumière »,

29 Réf. : www.howellcanyonpress.com.

sans arrêt pendant un certain laps de temps. Cette phrase vous permet d'éteindre métaphoriquement vos programmes négatifs.

Rappelez-vous que lorsqu'une personne vous parle, ce n'est presque jamais pour vous dire ce à quoi vous vous attendez. Si elle vous expose son problème, elle ne le fait que pour vous donner la possibilité de nettoyer les souvenirs que vous partagez, et de les supprimer.

La prochaine fois que cela vous arrivera, avant de réagir, avant de donner un conseil ou d'exprimer votre avis, répétez la phrase « allume l'interrupteur de la lumière ».

Il est très probable qu'alors vous prononcerez ce que cette personne a besoin d'entendre, et non pas votre avis personnel. La plupart du temps, vous n'aurez même pas besoin de parler, de répondre, ou de dire quoi que ce soit de particulier : votre interlocuteur se sentira mieux rien que pour le fait d'avoir été écouté. Ne vous étonnez donc pas trop si son problème disparaît comme par enchantement.

En fait, vous l'avez compris : le mot « lumière » est un mot de passe pour entrer en opération de « nettoyage ».

Même si quelques-uns des outils de « nettoyage » que nous venons de présenter vous paraissent bizarres, voire trop simplistes ou stupides, rappelez-vous que c'est notre esprit (notre intellect) qui les juge ainsi. Mais si telle reste votre conviction, ne les utilisez pas, utilisez ceux qui correspondent le mieux à vos idées. Une chose est certaine, tous ceux-ci sont parvenus jusqu'à nous par transmission d'inspirations, celles des nombreux pratiquants de Ho'oponopono. Même s'ils paraissent inexplicables à votre esprit rationnel, cela ne signifie pas qu'ils soient inefficaces. Et en tous cas, ils permettent tous de prendre un bon départ pour la mise en pratique du processus Ho'oponopono, ou en sont de remarquables auxiliaires.

TOUT PROCESSUS DE GUÉRISON COMMENCE TOUJOURS PAR « JE SUIS DÉSOLÉ ; PARDONNE-MOI ; MERCI ; JE T'AIME », DANS L'ORDRE QUE NOUS VOULONS.

Le concept de fond de tout le système Ho'oponopono, c'est de SE CONNECTER RÉGULIÈREMENT AVEC LA DIVINITÉ de façon à ce que, parmi tous nos outils de nettoyage, il résulte que le plus important et le meilleur, C'EST NOUS-MÊMES !

Les outils susdits, dérivant d'inspirations d'autres praticants, nous sont parvenus dans un but précis, celui de fournir une aide pratique et efficace à tous, ce qui est le fondement de toute la culture Huna. Ils sont donc assurément utiles et produisent des effets positifs.

Bien entendu, l'élément le plus utile et le plus efficace du processus, c'est toujours notre INTENTION. C'est elle le levier de résolution le plus important concernant les situations que nous devons affronter.

Quelques-unes de ces méthodes de purification peuvent effectivement avoir des résultats surprenants dans la gestion de notre vie, mais rappelons-nous toujours que le mantra « je suis désolé ; pardonne-moi ; merci ; je t'aime » est nécessaire et suffisant.

Voici un témoignage d'alignement concret

Bonjour Josaya !

Il faut que je vous raconte...

Lors d'une importante compétition de course en montagne qui se déroulait dans mon village en 2009, j'ai rencontré trois athlètes écossais, et le courant est tellement bien passé entre nous, de manière si immédiate, si enthousiasmante que nous avons décidé en l'espace d'un quart d'heure de jumeler nos deux sociétés sportives. Il a été décidé qu'en 2010, nous serions reçus en Écosse et qu'en 2011 nos amis écossais viendraient chez nous.

Complices, la loi de l'attraction et pas mal de pratique du mantra de Ho'oponopono ! L'organisation du voyage étant parfaite, tout s'est passé à merveille. Un groupe très hétérogène de vingt-neuf athlètes accompagnés de leurs familles s'est constitué (aucune des personnes de ce groupe n'avait passé de vacances ensemble ; quelques-uns ne se connaissaient pas).

Quoi vous dire d'autre ? J'ai fait le plein de vos textes, j'ai lu deux livres de Florence Scovel Shinn..... et je suis partie.

Une semaine après, j'étais de retour. Et maintenant me voici en train de vous raconter ce voyage, plein d'émotions, de découvertes et de gratifications personnelles, sans le moindre malentendu, sans le moindre incident (six automobiles à la queue leu leu ; avec conduite à gauche !), rien qui n'ait troublé l'harmonie et la bonne humeur qui s'étaient créées entre nous.

Ce voyage nous a unis en une amitié des plus sincères, laquelle (j'en suis certaine) restera indestructible. Un sentiment de camaraderie, de groupe, mais aussi et surtout, un sentiment de cordialité et de chaleur envers la communauté écossaise qui nous a reçus.

S'entendre dire des phrases comme : « Merci. Cela a été une expérience dont nous nous souviendrons toute la vie » ou bien « Merci. Vous avez amené une vague de bonheur en Écosse », ça fait du bien !

N.B. : j'ai même exporté Ho'oponopono !

Le fait est que nous sommes (comme ce pluriel est beau !) tous agréablement euphoriques, gonflés à bloc, et que nous vivons encore dans les nuages et que nous continuons à nous téléphoner, parce que *we miss each others*, nous nous manquons les uns les autres.

Qu'en dites-vous ? Il n'est pas possible que tout ceci naisse de pures coïncidences !

Ce qui est fantastique, c'est qu'en recommençant à partir de moi, les autres recommencent eux aussi… et TOUS, NOUS RECOMMENÇONS ENSEMBLE !

Salut, et merci de m'avoir écoutée.

I'M SORRY ; FORGIVE ME ; THANK YOU ; I LOVE YOU.

Bruna

Salut Josaya, *here I am* !

L'email coaching est une approche étrange.... ça me rappelle le *Miracle Coaching*, *Le Facteur d'attraction* et Joe Vitale quand il écrivait : « *Si cela vous est possible, n'hésitez pas à recourir à cette méthode.* » Et moi m'étonnant : comment pourrais-je trouver un pareil outil sur mon chemin ? Et pourtant me voici maintenant en train de l'expérimenter !

Par où commencer ? Je vous raconte un peu à quel point j'en suis sur la voie des miracles ...

En mars 2010, je me trouvais dans un état de confusion monstre, du point de vue quantité de travail (que j'affrontais à tête basse en véritable stakhanoviste) comme du point de vue relationnel (du genre tout le monde contre tout le monde...). J'avais eu l'occasion de voir le livre *The Secret* plusieurs fois, mais sans jamais me décider à l'acheter, quand en ce jour fatidique du 11 mars je l'ai retrouvé et pensé, eh bien, cette fois, pas de doute, je ne dois pas le laisser passer. Je l'ai donc acheté.

Bien m'en a pris ! Car c'est de là qu'a démarré mon exploration de la loi de l'attraction, une exploration à 360 degrés, laquelle s'est terminée par celle de la méthode Ho'oponopono où j'ai trouvé mon point d'attache. Au travail, TOUT a changé en peu de temps. Les esprits se sont calmés (grâce aussi à une collègue qui me donne un coup de main à propos de la loi de l'attraction...). Et tout le monde s'entend bien. C'est avec une âme sereine que j'affronte désormais les tâches les plus compliquées parce que je sais que tout me réussira facilement.

D'une façon générale, la technique Ho'oponopono a amélioré ma vie. À celle-ci se sont ajoutées d'autres techniques comme la cristallothérapie (à laquelle je m'intéresse depuis trois ans), l'étude des influences de la lune (ça marche !) et des biorythmes.

Il y a quelque temps déjà, je vous ai écrit pour vous raconter ma belle aventure sportive en Écosse à la suite de l'achat de votre livre *Ricomincio da me* (« Je recommence à partir de moi »).

Et voilà, maintenant j'ose vous demander quelque chose.

C'est une question sans doute de peu d'importance (pas pour moi), mais très urgente. Il s'agit d'un événement qui doit se passer dimanche prochain. Je dois préciser que j'ai toujours été passionnée de sport d'endurance, et en particulier de ski-alpinisme et de course en montagne. Cet été, j'ai participé à diverses *skyraces*, avec des temps de parcours de 4 h 30 à 5 h 30. Dans notre village, tous les ans, il y a une très belle compétition. C'est souvent une épreuve mondiale, laquelle arrive en Suisse, et cette fois-ci je m'étais promis d'améliorer mon record de pas mal de minutes. Je m'étais bien entraînée, j'avais suivi les enseignements du livre *Le Facteur d'attraction*, je m'étais donc visualisée souvent à l'arrivée, le chronomètre indiquant un temps de 4:00:00 que j'ai même affiché partout pour mieux le visualiser.

Je n'ai pas réussi ce temps ! Même si j'ai fait un très beau temps…

Maintenant, j'ai complètement changé ma façon de voir… je ne fixe pas mes pensées sur l'attente de quelque chose, je dois seulement avoir CONFIANCE, savoir que je me porterai bien et que je courrai de mon mieux. Ainsi lors d'une compétition qui a suivi, j'ai couru en pensant, outre le « pardonne-moi ; je suis désolée ; merci ; je t'aime », « mon corps est exempt de crampes et de douleurs musculaires, l'esprit divin habite dans mon corps, plus je brûle d'énergie, plus je crée de l'énergie » (Scovel Shinn). Et ça a marché ! Et mes amis l'expérimentent et ça marche avec eux aussi !

Maintenant, je veux pousser mes limites un peu plus loin, et dimanche je vais courir un marathon de 43 km en montagne, avec un dénivelé de 3 200 mètres. Il me faudra 8 à 10 heures. Je sais que j'y serai avec ma tête, tandis que le corps me suivra plus ou moins bien… j'ai aussi lu *Resisto, per cui sono* (« Je résiste, donc je suis ») de Pietro Trabucchi et *La forza dentro* (« La force dedans ») de Max Calderan, qui m'enseignent que tout est possible. Ce sont de belles lectures, je vous les recommande !

Voilà. Je sais que je tiendrai jusqu'au bout de la compétition et que je serai la personne la plus heureuse au monde ! Si vous avez quelques conseils à me donner à ce propos, je ne manquerai pas de les suivre. En attendant je vais pratiquer Ho'oponopono toute la semaine !

Salut et un grand merciiiii.
Je vous souhaite plein de belles choses.

Bruna

Bruna,

que peut-on dire, tu as déjà tout dit par toi-même !

Est-ce que tu aimerais faire partie des *JosyA'More* ?

Tu es vraiment exceptionnelle ! Tout fonctionne exactement comme tu le décris ! Nous dirions … qu'il n'y a rien d'autre à ajouter ! Aucune autre attente sinon celle de ce qui est mieux pour tous ! Voilà la formule vraiment magique, et tu l'as évidemment très bien comprise ! Mais voici un petit plus : l'esprit d'Aloha ! Que dirais-tu de bénir tous les champions de ta spécialité ? et de souhaiter de tout cœur à tes camarades d'endurance de dépasser leurs records personnels ? Et peut-être aussi de les aider durant leur entraînement ? Parlez-en entre vous, évaluez des stratégies communes… La règle d'or, c'est : « Fais aux autres ce que tu aimerais qu'ils fassent pour toi. » C'est magique ! Et en plus cela remplit notre être d'une satisfaction légitime !

Cette réponse – et sois-en fière (nous le sommes pour toi) –, c'est notre premier coaching qui, paradoxalement, n'a pas besoin de coaching !

Nous t'adressons notre meilleure énergie, notre meilleure bénédiction. Que l'Univers soit sur la même merveilleuse longueur d'onde que toi ! Toujours !

Fais-nous savoir comment ça s'est passé.

Avec admiration et amour.

Josaya

Aloha Josaya ! Je suis revenue ! Je n'ai pas pu vous écrire tout de suite car j'ai eu deux semaines de travail intense. Mais je tiens à vous mettre au courant quant à la course qui a eu lieu il y a quinze jours – compétition où je lançais un défi à mes limites (si vous vous souvenez encore de moi).

Eh bien, ça a marché ! Je suis donc la personne la plus heureuse au monde, comme prévu !

J'étais concentrée et calme. Et je pense avoir ressenti l'énergie de tous ceux qui m'ont soutenue par la pensée … comme vous.

Je peux dire tout de suite que ce premier Sky Marathon a été la meilleure compétition de ma vie. Je pensais m'embarquer dans une aventure impossible et arriver détruite. En revanche, j'ai mis 8 h 45 (alors que j'en avais prévu jusqu'à dix) à parcourir 43 km avec 3 200 mètres de dénivelé. Je me sentais bien, et je n'ai pas eu grand besoin de travailler mentalement.

Tout s'est passé de façon très naturelle, malgré la fatigue d'une longue course. J'ai béni tous les concurrents au départ, et tout au long du parcours. J'ai béni tous ceux que je dépassais (au fur et à mesure que je récupérais du terrain). J'ai salué et béni tous ceux qui se trouvaient sur mon chemin… et béni le sentier glissant… et béni les 200 concurrents qui sont passés avant moi… béni le petit fossé caillouteux… et j'ai surtout béni mes jambes « tournez à plein régime ; merci ; je t'aime » et répété « l'esprit divin est dans mon corps, merci pour cette expérience ».

Bien, après cette aventure je sais que rien n'est impossible !

Mon bonheur a par ailleurs amélioré d'autres situations, pour lesquelles j'aurais eu besoin de la session de coaching n° 2, etc. En conséquence, il m'est venu cette idée : et si je faisais cadeau de ces sessions à quelqu'un qui a besoin d'une aide supplémentaire ?

Salut, à bientôt
MERCI !!!!!!!

Bruna

Si nous nous souvenons de toi ? Tu plaisantes ! Et comment pourrions-nous oublier une personne avec une telle énergie !

Nous ne doutions pas de ta réussite. Et maintenant, envole-toi et vole de plus en plus haut… tu es entrée dans le flux et tu y resteras, pour le bien de l'humanité grâce à ton enthousiasme constructif !

Merci, merci, merci à toi !

Josaya

ANNEXE 1

Ho'oponopono Glossaire

Identité de soi : elle est composée de quatre éléments : la divine intelligence, l'esprit supraconscient, le conscient et l'inconscient. Le vide et l'infini en constituent le fondement.

Intelligence divine : c'est le premier des 4 éléments qui interagissent dans le processus Ho'oponopono. C'est l'infini, la *source* (*OMAKA*). C'est l'élément créateur des identités propres et des inspirations. C'est celui qui transmue les mémoires en vide.

Moi supérieur : c'est le deuxième des 4 éléments qui interagissent dans le processus Ho'oponopono (*AUMAKUA*). Il se trouve figurativement tout de suite en-dessous de l'intelligence divine. Il veille sur l'esprit conscient et sur l'inconscient. C'est lui qui supervise et réalise les changements les plus appropriés aux demandes de Ho'oponopono à la divine intelligence, lesquelles ont été activées par l'esprit conscient. Le moi supérieur n'est pas influencé par les mémoires archivées dans l'esprit inconscient et il sait toujours ce qui est mieux pour le « soi » complet. Il ne fait qu'UN avec le divin créateur, il est donc toujours en contact avec l'intelligence divine. Il est aussi défini « esprit » (*Saint-Esprit* ou *Esprit Saint* dans le christianisme).

Ego : c'est le troisième des 4 éléments qui interagissent dans le processus Ho'oponopono. Il est aussi connu en tant que partie mentale de l'ÊTRE (*HUANE*). C'est le siège de la rationalité, il vit exclusivement dans le présent et c'est lui qui prend les décisions. Il peut soit permettre aux souvenirs de se répéter et par la suite de déterminer les expériences de la vie, soit décider d'activer l'effacement des mémoires à travers Ho'oponopono et d'en bloquer la récurrence. Il peut demander aide et conseil à la divine intelligence.

Subconscient : c'est le quatrième des 4 éléments qui interagissent dans le processus Ho'oponopono. Il est aussi connu sous l'appellation « enfant intérieur » (*UNIHIPILI*). C'est l'entrepôt de toutes les mémoires accumulées depuis le début de la création, c'est-à-dire de l'expérience du « soi ». C'est le lieu où les expériences sont vécues en tant que mémoires ou en tant qu'inspirations. C'est en réagissant aux mémoires que le corps physique et le monde matériel se manifestent.

Vide : c'est le fondement, la base, de l'identité de soi et du cosmos. Les inspirations qui proviennent de la divine intelligence ne trouvent place dans le subconscient que s'il y a du vide pour les accueillir. Les mémoires, se répétant à l'intérieur de l'esprit inconscient, déplacent le vide, mais ne le détruisent pas ; elles font cependant obstacle à l'influence des inspirations qui proviennent de la divine intelligence.

Zéro : c'est l'état de l'ÊTRE dans lequel on n'a plus de désirs, dans lequel on n'a plus besoin de connaître ni les comment ni les pourquoi, ni quoi que ce soit d'autre. C'est un état de bien-être parfait.

Infini : c'est la divine intelligence. Telles des roses fragiles, les inspirations fluent de l'infini vers le vide de l'identité de soi ; il est facilement déplacé par la répétition incessante des mémoires.

Inspiration : c'est une création de l'infini, de la divine intelligence. Elle se manifeste à l'intérieur du vide de l'esprit inconscient. L'inspiration est perçue par le « soi » comme un nouvel événement. C'est la seule et unique véritable voix, c'est un message du divin remis à l'être humain à travers l'inconscient.

Mémoire : c'est l'enregistrement des expériences passées par l'esprit inconscient. Quand elle est activée, elle répète continuellement les sensations de ces expériences anciennes. C'est une information, une connaissance, une pensée, que notre ego, et non pas notre moi supérieur, a faite par le passé, transmise à travers les vies passées. C'est une sorte de virus qui se colle à l'être humain et remplit l'esprit et la conscience de chaos.

Problème : c'est l'effet de la répétition continuelle d'une expérience du passé à l'intérieur de l'esprit inconscient.

Expérience : c'est l'effet produit par la répétition des mémoires ou des inspirations à l'intérieur de l'esprit inconscient. Elle comprend donc les problèmes.

Système opérationnel : c'est le système qui met notre identité en contact avec le vide, avec l'inspiration et avec la mémoire ; disons qu'il fait fonction de technicien.

Repentir : c'est la première phase du processus Ho'oponopono, mis en marche par l'esprit conscient ; il représente une demande adressée à la divine intelligence afin qu'elle transmue les mémoires en vide. À travers le repentir, l'esprit conscient reconnaît être responsable des mémoires causant les problèmes survenus.

Pardon : c'est une demande de l'esprit conscient au divin créateur pour transformer en vide les mémoires dans les archives de l'esprit inconscient. Il accompagne le repentir.

Transmutation : la divine intelligence utilise la transmutation pour neutraliser et effacer les mémoires. Seule la divine intelligence peut l'utiliser.

Richesse : c'est l'identité de soi.

Pauvreté : c'est la récurrence des mémoires. Elle déplace l'identité de soi et fait obstacle au passage des inspirations envoyées par la divine intelligence à l'esprit inconscient.

Sagesse : ce sont les pensées qui vont au-delà de celles qui ont beaucoup d'importance pour l'ego de l'homme. Ce sont les pensées qui dépassent les informations, les données, les connaissances, l'instruction.

Annexe 2

L'esprit Aloha

L'esprit Aloha est une annexe vraiment indispensable à la méthode Ho'oponopono. On peut la considérer comme le chaînon manquant de celle-ci.

C'est un outil pratique pour utiliser la loi de l'attraction de façon consciente.

Comme Ho'oponopono, c'est une technique toute simple. Si on l'applique quotidiennement, elle fonctionne très bien. Intégrée au processus Ho'oponopono, elle aide à résoudre de nombreuses situations intérieures bloquées. Elle nous porte ainsi à devenir de plus en plus forts et sûrs de nous.

L'esprit Aloha est souvent identifié à cette belle prédisposition de l'âme qui caractérise les Hawaïens, à cette amabilité chaleureuse avec laquelle ils abordent leur prochain. Une attitude qui a marqué leurs îles et les a rendus célèbres.

Dans le langage hawaïen, le mot *Aloha* signifie beaucoup plus qu'un simple « salut » ou un « au revoir ». Sa signification profonde prend sa source dans la joie que procure une énergie vitale partagée à un moment précis, dans le « ici et maintenant ».

Aloha signifie littéralement « rester à la présence (*alo*) de la chose divine (*ha*) ». En résumé, dire *aloha* à quelqu'un, équivaut à reconnaître le divin personnifié en cette personne, et puisqu'il y a partage d'énergie (*ha*), cela revient à entrer automatiquement en syntonie avec le pouvoir divin (*mana).*

L'esprit Aloha est un instrument puissant pour résoudre n'importe quel problème et pour attirer sérénité et prospérité dans notre vie. À travers l'esprit Aloha, il est possible d'atteindre n'importe quel objectif et de réaliser n'importe quel rêve, même le plus audacieux. Associé au sentiment d'amour, c'est le secret qui mène à réaliser santé, bonheur, prospérité et succès.

N'hésitez pas à utiliser ce pouvoir avec amour, c'est la voie la plus facile pour réaliser tous vos désirs. Cette technique très puissante est simple à appliquer, tellement simple qu'elle est incroyable. La seule difficulté – si on peut parler de difficulté –, c'est qu'il faut vous rappeler de l'appliquer constamment, ou du moins le plus souvent possible. Plus vous appliquez l'esprit Aloha, plus votre attitude mentale devient instinctive, et plus la voie vers l'obtention de vos aspirations s'en trouve aplanie.

Nous pouvons synthétiser l'esprit Aloha comme suit :

BÉNISSEZ TOUTE PERSONNE ET TOUT CE QUI REPRÉSENTE CE QUE VOUS VOULEZ OBTENIR.

Tout est là !

Trop facile ? Oui, peut-être ! Facile… mais absolument vrai !

Bénir signifie exactement « dire du bien », donc apprécier mentalement, mais aussi et surtout verbalement. Totalement opposé à *maudire*, ou « dire du mal ».

Pourquoi *dire du bien* de ce qui nous plaît est-il une technique aussi puissante ? Premièrement, apprécier quelque chose nous aide à cibler ce que nous désirons, en activant ainsi notre force créatrice.

Deuxièmement, en parlant bien de quelque chose ou de quelqu'un, nous manifestons notre énergie créatrice à travers les émotions que cela nous suscite et nous les transformons en mots : un échelon plus proche de la corporéité[30].

Enfin, complimenter quelqu'un ou se féliciter de quelque chose qui nous est extérieur, annule tout sentiment de crainte ou d'incrédulité quant aux émotions liées à la réalisation de ce que nous souhaitons. Alors voilà comment vaincre le saboteur de désirs qui vit en chacun de nous !

C'est pourquoi les bénédictions que nous accordons à notre prochain nous sont utiles autant qu'à ceux auxquels elles s'adressent. Soulignons que *maudire* active exactement le processus inverse. Par la suite, mal juger ou dire du mal de qui que ce soit est absolument contre-productif et ne peut que nous nuire.

Toute malédiction (jugement critique négatif improductif) tend à annuler les effets de la bénédiction. En conséquence, cela revient à dire que plus nous médisons de notre prochain (ou attention, de nous-mêmes), plus les effets des bénédictions exprimées seront limités et plus l'effort à faire pour y remédier sera important.

---

30 Voir : *La forza delle parole* (« La force des mots ») : 10 volumes publiés en Italie par le quotidien *La Repubblica*, consacrés aux discours de personnages qui ont fait l'Histoire.

Donc, en résumé, l'attitude gagnante, c'est :

- admirer plutôt que critiquer ;
- affirmer au lieu de craindre ou de douter ;
- apprécier plutôt que donner la faute ;
- se fier au lieu de se préoccuper ;
- accepter au lieu de refuser ;
- ne pas juger. Admirer et se complimenter sincèrement de tout ce qui nous plaît ; et au lieu de critiquer ce qui ne nous plaît pas, se limiter à l'ignorer ! Les personnes qui partagent cette prédisposition du cœur avec les Hawaïens connaissent bien cette nécessité de bénir ;
- bénir avec un envoi d'amour : notre nourriture, notre famille, nos amis et les personnes qui nous sont chères, mais aussi notre planète avec sa nature, ses mers et toutes les créatures qui l'habitent. Ceci est important non seulement pour la personne qui reçoit la bénédiction, mais aussi et surtout pour celle qui la donne !

Bénir simplement dans un geste d'amour ne peut qu'améliorer le milieu naturel et les personnes de notre entourage.

Soulignons cependant que le pouvoir de la bénédiction se trouve considérablement amplifié lorsqu'on améliore notre intériorité en réparant tout qui se réfléchit dans notre réalité, toutes les difficultés qui se présentent à nous et à notre entourage. Alors n'oublions pas Ho'oponopono.

Si nous partons du principe que l'existence est un cadeau que la divine intelligence nous a fait dans le but de rétablir la véritable essence de l'homme – c'est-à-dire rétablir l'identité de soi incarnée dans l'homme, justement grâce à la divinité et à travers sa création du vide et de l'infini –, l'appel à vivre dans le but d'amener celle-ci à la *lumière* devient implicite.

La bénédiction est une ultérieure et puissante voie pour atteindre ce but.

Je souhaite amour, bonheur et abondance,
à tous ceux que je rencontre.
Pardonne-moi ; je suis désolé ; merci ; je t'aime.
Je me sens gratifié, heureux
et reconnaissant pour tout ce que j'ai.
Pardonne-moi ; je suis désolé ; merci ; je t'aime.
J'ai toutes les ressources dont j'ai besoin
pour une vie sereine et joyeuse.
Pardonne-moi ; je suis désolé ; merci ; je t'aime.
J'aime l'abondance
qui me permet de me développer,
de me surpasser et de m'exprimer
comme je veux.
Pardonne-moi ; je suis désolé ; merci ; je t'aime.
Je mérite tout le bien possible
et j'affirme ce droit.
Pardonne-moi ; je suis désolé ; merci ; je t'aime.
... et qu'il en soit ainsi.

Annexe 3

Qui sommes-nous ?

La formation du trio Josaya (les auteurs)

Josaya est l'acronyme formé à partir des initiales de Giovanna (JO), Sandro (SA) et de la syllabe finale de Silvia (YA), lesquelles ainsi transmuées prennent un son musical.

En ce qui nous concerne, tout s'est passé un peu comme pour Bruna, nous avons ressenti une attraction réciproque, claire et immédiate, décidée par Ho'oponopono. Nous avons ressenti une grande positivité, et cela au premier coup d'œil – qui à vrai dire n'était que virtuel puisque nous avons interagi en ligne pendant plusieurs mois. Ce fut un échange de pure énergie !

Giovanna Garbuio (Jo)

Il m'a longtemps été impossible (pendant au moins quarante ans) de digérer la religion catholique ; il y avait toujours quelque chose qui ne me convainquait pas !

Cela jusqu'à ce que je suive les conseils de bouddha : « *Ne crois en rien, peu importe où tu l'as lu, qui l'a dit, même si c'est moi, sauf si c'est en harmonie avec ta raison et ton bon sens.* »

Puis j'ai commencé à étudier plusieurs choses… je voulais comprendre… et maintenant j'ai compris, il ne me reste plus qu'à continuer à approfondir !

La Prophétie des Andes a été mon livre déclic, et puis une quantité d'autres livres. Ceux qui ont marqué le cheminement de ma redécouverte sont, sans l'ombre d'un doute : *La Loi de l'attraction*, de Esther et Jerry Hicks (Éd. Trédaniel), les livres de Gregg Braden, l'Évangile (que j'ai relu d'un tout autre point de vue) et bien sûr l'Évangile selon Thomas.

Stimulée par le livre *La Clé* de Joe Vitale, j'ai abordé la technique de Ho'oponopono, puis je l'ai étudiée à fond à travers les tonnes de matériel disponible sur l'internet.

Nous avons pourvu à réaliser la partie manquante de *Zéro Limite* de Joe Vitale – autre livre très intéressant bien que quelque peu lacunaire à mon avis en ce qui concerne les explications pratiques et l'approfondissement de cette technique. Ho'oponopono fait partie de ce qui y concerne la *vérité* !

C'est un outil grandiose qui nous a été remis pour réaliser notre projet de vie !

C'est grâce à lui que j'ai découvert quelle est notre véritable essence ; toutefois, je continue à penser que le sens de l'humour et de l'ironie sont les plus grandes qualités que l'homme puisse avoir.

Je suis heureuse. J'ai tout ce que je peux désirer, je ne fixe pas de limites à la providence divine. Car tout peut être amélioré.

Ma devise : « Merci, c'est parfait ! J'en veux encore. »

Dans la vie, je suis architecte. C'est un travail qui me donne de grandes satisfactions qui me plaît énormément… j'ai parfois quelques petits problèmes avec les clients lorsque ceux-ci se mettent à dire comment ils veulent leur maison… mais je suis en train de travailler là-dessus ! : -) : -)

À mes moments perdus, j'adore barbouiller des toiles, et je dois dire que là aussi j'en tire de belles satisfactions. Il paraît que ce que je fais plaît !

Quoi dire d'autre ? … Ah, oui, j'oubliais : le Père Noël existe, c'est certain, et mon héros préféré, c'est encore et toujours Fantomiald !

Et qu'il en soit ainsi ! ; -)

JO

Chercher le bonheur hors de soi,
c'est comme tenter de prendre un nuage au lacet.

(Paramhansa Yogananda)

L'adresse de mon blog est : giopop.blogspot.com

Salvatore Sandro Flora (SA)

Qui je suis ? Voilà une question à laquelle j'essaie de répondre jour après jour.

Je peux me définir comme ça : chercheur de possibilités. J'aime la vie et j'aime me lancer des défis, mettre mes capacités à l'épreuve. Je pense qu'on peut profiter de chaque petite expérience pour grandir et améliorer la qualité de notre style de vie.

Je me reconnais dans ce que les autres disent de moi, que je suis positif, tenace, patient, de caractère gai. J'aime la solitude – mot qui me paraît inexact, je devrais plutôt dire « mon individualisme » – tout comme j'apprécie la compagnie de mes amis.

J'ai révélé très tôt une prédisposition à l'intériorité. Déjà tout gamin, je pratiquais le yoga et la méditation, je me plaisais à explorer les voies intérieures de mon âme et de mon psychisme.

J'ai enseigné la pratique de la méditation auprès d'un centre culturel de Brindisi pendant quelques années (la méditation dynamique, la Kundalini, la Vipassana, le zazen, la Chakra Breath et la Méditation AUM de Osho).

Il y a 25 ans environ, j'ai été littéralement foudroyé par un livre de Osho, c'était *La Bibbia di Rajneesh* (« La bible de Rajneesh »), exposé dans un kiosque à la gare centrale de Milan. Je l'ai acheté sans savoir réellement de quoi il parlait quelques instants avant de prendre le train pour Bolzano où j'allais faire mon service militaire. Je l'ai dévoré en un rien de temps, et c'est depuis que j'ai compris que la vie valait le coup d'être vécue de façon totale, en tâchant d'être soi sans transiger.

Ce qui m'est resté gravé dans la mémoire, c'est combien la perception de la vie peut être superficielle si l'on vit de façon non consciente, et combien elle peut en revanche être différente, lumineuse et joyeuse si l'on va découvrir au fond de soi toutes ses nombreuses facettes que d'ordinaire on ignore.

Depuis, je lis des livres qui concernent la croissance personnelle et je remercie que des personnes de l'envergure d'Osho, d'Anthony Robbins, de Dale Carnegie, de Napoleon Hill, de Deepak Chopra aient existées et existent, car elles ont toutes contribué à m'ouvrir les yeux, et à me faire vivre de façon plus consciente et heureuse.

J'ai pratiqué le karaté pendant quatre ans, le taiji, le reiki, et j'ai un passé d'animateur et d'enseignant de techniques de méditation, de techniques de communication mimique, donc non verbale. Je suis un passionné de lectures concernant des sujets tels que la motivation, la croissance personnelle et spirituelle.

J'ai travaillé dans le domaine de l'édition discographique en qualité de chef d'équipe des promoteurs de ventes.

J'essaie de mettre en pratique ce que j'apprends en tant qu'autodidacte, notamment en informatique. Actuellement, je m'occupe de web-marketing ; je réalise des sites web, des blogs, m'occupe de l'aspect graphique, des listes de diffusion… Je gère quelques blogs concernant la spiritualité et les techniques de vente.

Je suis un éternel étudiant. Je ne me lasse pas d'apprendre le plus possible et de communiquer mes connaissances à mes lecteurs – que je considère comme mes amis et mes compagnons de voyage.

Ma conception du bien-être et du bonheur ? C'est l'amélioration du style de vie en travaillant sur son côté matériel comme sur son côté spirituel.

En ce moment, je m'intéresse de près (complice *Ho'oponopono*) au chamanisme. C'est ainsi qu'avec Silvia Paola j'ai fréquenté en 2009 le cours de base de « Pouvoir et Guérison » tenu par Nello Ceccon et Stefania Montagna au Centro Studi Sciamanici de Villabartolomea.

Nous sommes Un avec le Tout…

Un salut de tout cœur

SA

Les adresses internet de mes blogs sont :
www.TeStesso.com
www.TecnichediVenditaeComunicazione.com

Silvia Paola Mussini (YA)

Je suis née à Gênes, où j'ai vécu environ pendant 20 ans. C'est par amour pour un homme que je me suis installée en Émilie-Romagne où je réside actuellement.

J'ai énormément voyagé, aussi bien dans le monde physique que dans mon intériorité, un monde que j'estime encore plus réel.

Depuis toujours une sorte de curiosité attentive, rarement indolore, me porte à chercher le lien logique de conjonction entre mon « moi » et le « pourquoi » j'existe ici. De là, une série de cours, d'études, de lectures, toujours dans la tentative d'adoucir, de décaper et de comprendre pour jouir et accepter et m'abandonner, me laisser vivre…

Outre des centaines de livres lus, des milliers d'intuitions, des millions de pensées, et de questions et de réponses, de réinitialisations et de flottements infinis (à l'instar de milliards d'autres collègues, humains ordinaires), pour repartir chaque jour avec davantage de confiance et d'amour et de joie et de gratitude et afin de fertiliser mon terrain d'apprentissage sans toutefois aller à la recherche d'un centre de gravité permanente, voici la liste des cours que j'ai fréquentés…

… malgré tout … malgré tous … malgré moi …

- trois séminaires en Italie animés par Louise Hay ;
- un cours triennal de morphopsychologie, donné par Jean Spinetta ;
- une école de massage chinois et de qi gong (auprès de l'Institut de médecine chinoise Matteo Ricci, à Bologne) ;

- un cours de massage antistress, donné par Raffaele Morelli ;
- un cours de massage californien...

et entre-temps : des cours de yoga, de pilates, de rebirthing, un stage de huttes de sudation du rite chamanique.

En somme, tous les parcours possibles pour me connaître !

Et plus précisément :

- cours de formation en SHY, *Spiritual Human Yoga,* Énergie universelle, à l'école du maître Luong Minh Dang (plusieurs années et plusieurs niveaux) ;
- trois séminaires animés par Fabio Marchesi, un ingénieur ingénieux illuminé ;
- participation à des séminaires de qi gong et de taiji ;
- participation à des séminaires et des journées avec coaches et formateurs en PNL ;
- séminaires de Theta Healing ;
- 12-13 septembre 2009 : 1er séminaire en Italie de guérison par la méthode Ho'oponopono *« Je suis désolé ; pardonne-moi ; merci ; je t'aime »*, animé par le docteur et maître Ihaleakala Hew Len ;
- 12-13 décembre 2009 : cours de base de « Pouvoir et Guérison » (Villabartolomea, auprès du Centre d'études chamaniques) donné par Nello Ceccon et Stefania Montagna ;
- 25-28 mars 2010 : conférences organisées par l'association *Gendai Reiki Italie,* de Trieste, dans l'extraordinaire *Cerchio della vita,* tenues et animées par 9 maîtres d'envergure mondiale dans le domaine de l'énergie et de la paix ;

- 30-31 mars 2010 : séminaire chamanique hawaïen à Trieste avec, et pour la première fois en Italie, Serge Kahili Kin ;
- 18-25 septembre 2010 : stage d'une semaine à Baia Samuele avec Fabio Marchesi ;
- 2011 : deux séminaires avec Gianluca Magi ; un séminaire avec Igor Sibaldi.

Ce que j'aime ? La mer, la lune, la beauté sous toutes ses formes, le ciel étoilé, les perroquets, me surprendre, le bleu, le vert, le *Yi Jing*, hydrater mon esprit et mon corps.

Mon principal travail consiste à réaliser des objets de décoration (à exemplaire unique) pour la maison et pour le corps, à partir de matériaux naturels, le plus souvent assemblés par contraste, mais dans une recherche d'affinités.

Aujourd'hui, je peux dire que j'ai fini par faire la paix avec moi-même et que je suis heureuse. Voilà.

Amour, gratitude et joie

YA

Les adresses internet de mes blogs sont les suivantes :
www.cerchiamo.net/blog
www.c-entro.org/blog

Bibliographie

– *Lo sciamanesimo hawaiano*, Paola Dianetti.

– *A Scuola dallo Sciamano*, Serge Kahili King, Edizioni Il Punto d'Incontro.

– *La scienza segreta dietro i miracoli*, Max Freedom Long, Macro edizioni.

– *Chi è il responsabile*, Ihaleakala Hew Len.

– *Zéro Limite*, de Joe Vitale et de Ihaleakala Hew Len, Éditions Le Dauphin Blanc, (www.zerolimits.info).

– *Guarisci te stesso* : interview de Joe Vitale par Ihaleakala Hew Len.

– *La Clé*, de Joe Vitale, Un Monde différent.

– Interview de Saul Maraney à Mabel Katz (www.whatishoopo-nopono.com).

– « Camminare tra i mondi » : conférence de Gregg Braden transcrite par Nicoletta Cherubini. Titre original : *Walking Between the Worlds* (*The Science of Compassion*, Washington, Radio Bookstore Press).

– *La voie la plus facile*, Mabel Katz, éditions Dauphin blanc, 2010. (www.mabelkatz.com).

– *Free HO'OPONOPONO Manual*, de Morrnah K. Simeona, livre électronique (hooponopono.net).

– *Un cours en miracles* – Auteurs divers. Disponible en ligne gratuitement.

Sites internet :

www.sciamanismo.info
www.reiki.info
www.studisciamanici.it
www.stazioneceleste.it
www.hooponopono.org
www.pdf-search-engine.com
www.hooponoponoway.com
hooponopono.net
www.legge-di-attrazione.net
www.HowellCanyonPress.com
www.kriyayoga.it
http://fr.scribd.com/

Table des matières

Répétez à tout instant

HAWAI'I

HA (respiration)
WAI (eau)
I (Divinité)

HAWAI'I

« **La respiration et l'eau de la divinité** »

Les auteurs

Josaya est le pseudonyme de Giovanna Garbuio, Sandro Flore et Silvia Paola Mussini, tiré des initiales de Giovanna et Sandro et des lettres finales de Silvia.

Tous les trois ont fondé Josaya Srl, société italienne d'édition électronique dont l'objectif est de diffuser un message de paix et de conscience intérieure. Auteurs de plusieurs livres électroniques, son et images, publiés sous ce nom d'emprunt, ils obtiennent un large consensus de la part des lecteurs.

En sanscrit, **Jos Aya** signifie « lieu de joie ». Donc on peut dire que des prémisses favorables et inattendues étaient réunies dès le départ.

Tous les trois affirment que leur rencontre, leur parcours spirituel, et tout ce qui s'est ensuivi, a vraiment été un don du Ciel.

Ils croient et déclarent que chaque individu doit faire ce qui lui semble juste et cohérent en toute autonomie et liberté et qu'il doit tendre à agir dans ce sens. Afin qu'il puisse ajouter ce petit quelque chose qui est essentiel à son développement.

Tous les trois veulent transmettre ce qu'ils ont appris à quiconque est ouvert et prédisposé à l'écoute, faire comprendre que tout problème n'est autre qu'une situation qui s'est créée (ou plutôt que nous avons créée) qui aura de toute façon des résultats positifs surprenants si nous lui permettons de se manifester, faire comprendre que la réalité est d'une évidente simplicité, et que toute complication dérive exclusivement de l'esprit humain.

Pour ces auteurs, toute la « vérité » qui se loge derrière ladite spiritualité est très, très simple : les complications ont été créées par l'homme (cultivées par les diverses religions et institutions, parfois mues par des motivations compréhensibles et justifiables) pour dominer l'homme.

La Paix commence à partir de vous est précisément né de leur recherche personnelle de paix intérieure, de leur volonté de comprendre ce qu'est la paix et quels instruments sont à utiliser pour la réaliser. Dans ce livre, ils ont voulu proposer l'outil qu'ils ont adopté à plein temps et qu'ils considèrent comme le plus efficace.

Ils n'ont ni la présomption ni l'intention de vouloir enseigner quoi que ce soit à quiconque, mais, sur la base du principe Huna (*l'efficacité est la mesure de la vérité*), ils ont voulu proposer et rendre disponible à tout un chacun cet instrument qu'ils ont fait leur depuis longtemps.

Dans la même collection

Edward Bach

Libère toi !

Par le père de l'un des traitements naturels les plus répandus au monde, une perle de sagesse sur la relation entre santé physique et bien-être intérieur.
Libère-toi ! est une exhortation à se débarrasser des conventions qui nous brident, à vaincre l'influence contraire des autres et à cultiver les qualités et les vertus qui sont en chacun de nous : un hymne à la joie de vivre, à la paix et au bien-être intérieur, qui permettent d'accéder aux fondements de la santé physique.

Découvrez, à travers ces pages, les précieuses réflexions scientifiques et philosophiques de celui qui a su tirer des fleurs les secrets du bien-être.

Pathologiste, immunologiste et bactériologue réputé, ***Edward Bach*** *abandonna une carrière réussie dans la science traditionnelle pour se consacrer entièrement à l'étude de la médecine naturelle. À partir de 1934, en arpentant les chemins et les champs de l'Oxfordshire, il découvrit la plupart des remèdes qui le rendirent, par la suite, célèbre dans le monde entier, et connus sous le nom de Fleurs de Bach.*

Dans la même collection

Edward Bach
Être soi-même

Une réflexion émouvante et des récits passionnants pour comprendre l'indestructible lien entre santé physique et bienêtre intérieur.

Être soi-même renferme toute la philosophie d'Edward Bach, inventeur de l'un des traitements naturels les plus répandus au monde. Lorsque le flux de l'harmonie est contrarié, que la voix qui vient de notre coeur se fait moins claire, se crée alors un espace pour la maladie. La nature, grâce à ses plantes, ses fleurs et ses arbres, peut aider la personne qui souffre à se réapproprier l'intimité de son âme, procurant ainsi un nouveau bien-être au corps.

Découvrez, à travers ces pages, la sagesse profonde de celui qui a su tirer des fleurs les secrets du bien-être.

Pathologiste, immunologiste et bactériologue réputé, ***Edward Bach*** *abandonna une carrière réussie dans la science traditionnelle pour se consacrer entièrement à l'étude de la médecine naturelle. À partir de 1934, en arpentant les chemins et les champs de l'Oxfordshire, il découvrit la plupart des remèdes qui le rendirent, par la suite, célèbre dans le monde entier, et connus sous le nom de Fleurs de Bach.*

Dans la même collection

TIBERIO FARACI

Aime-toi !

Comment développer l'estime de soi

Aime-toi ! est un livre qui a guidé des milliers et des milliers de lecteurs dans leur développement personnel. En Suisse, son succès a été tel que le système du bouche à oreille en a fait un véritable phénomène de communication, voulu et déterminé par le public lui-même.

Le parcours proposé, complété de 53 exercices, se différencie de l'ensemble des ouvrages qui traitent de l'estime de soi. En effet, il sort des sentiers battus et des conceptions classiques pour cibler deux thèmes fondamentaux : la non-culpabilisation lors de la prise de responsabilité, et le pouvoir de la pensée positive.

Pour gérer ces techniques et vaincre les resistances qui, jusqu'ici, vous ont empêché de devenir celui que vous vouliez, ouvrez ce livre.

Le reste se fera tout seul !
Apprenez à vous aimer, ouvrez-vous à l'amour !
L'Univers vous attend et vous réserve de magnifiques surprises.

Dans la même collection

Omar Falworth

Se connaître, S'accepter, S'améliorer

Le bonheur en poche

La PEUR DU NOUVEAU
c'est l'ennemi le plus implacable du bonheur...
Il faut la combattre sans trêve....

Il y a pour cela une stratégie psychologique très efficace...

S'habituer au nouveau.

S'habituer à entreprendre des activités quelque peu risquées.
S'habituer à connaître d'autres lieux, de nouveaux ciels, d'autres personnes, de nouvelles émotions, des saveurs inconnues.
S'habituer à moins programmer, à se passer de garanties.
S'habituer à ouvrir des portes sans savoir a priori
ce qui se trouve de l'autre côté.

Notice bibliographique

Ho'oponopono - La Paix commence à partir de vous / Cesena - Italie : *Macro Éditions*, 2013.
336 p. ; 17 cm (Développement Personnel)
Titre original : *Ho-oponopono - La Pace comincia da te*, Josaya
Traduction de Françoise Vital
ISBN 978-88-6229-308-2